U0047932

感覺統合遊戲，在家輕鬆玩

黃謙瑄 小兒復健科醫師．**張文瀚** 公衛博士．**許翠端** 兒童發展訓練師．**廖笙光** 職能治療師◎合著

專業醫師及職能治療師分享臨床應用
好玩又有效的感覺統合遊戲，
讓孩子變專心、有人緣、更自信、愛學習！

視覺

Contents 目錄

Chapter 1 發現孩子的問題

Chapter 2 什麼是「感覺統合」？

Contents 目錄

Chapter 3 交通指揮官——前庭系統

Chapter 4 分佈面積最廣的感覺器官——觸覺系統

Chapter 5 深度的感應——本體覺

Chapter 6 不可或缺的感覺器官——聽、視、嗅、味覺系統

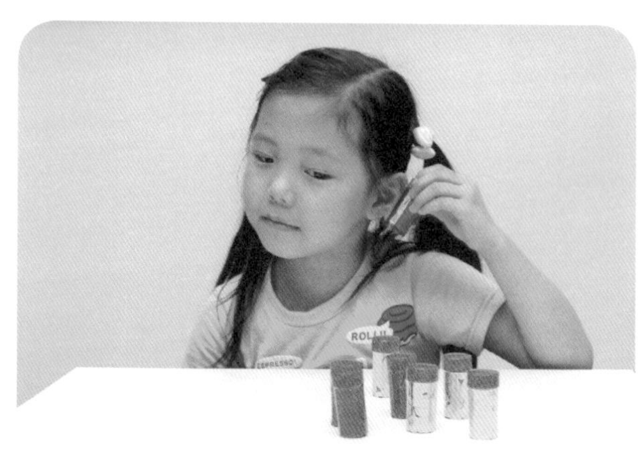

Contents 目錄

Chapter 7 感覺統合遊戲在家做

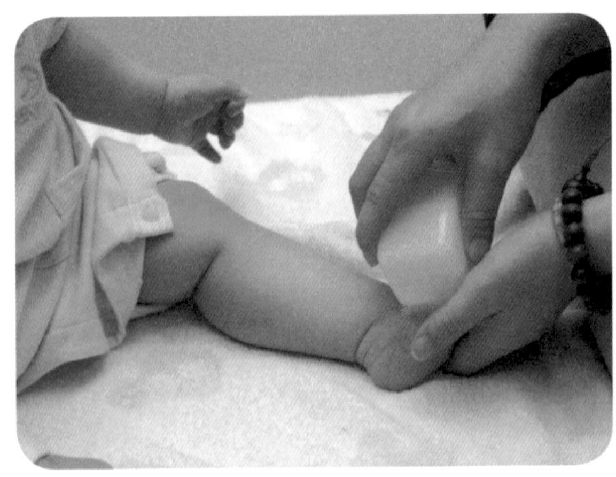

【推薦序 1】

讓孩子主動學習，掌握成長的主導權

人生來皆有學習的本能，這是從基因而來的天賦。

每一個孩子的感覺神經系統從胎兒時期起，便不斷的接收各種訊息刺激，腦部一刻也沒閒著，藉由不斷的比對來自各個感官的訊號，賦予這些刺激不同的意義，同時也指揮全身對各種刺激訊號做出最適切的反應動作——這就是感覺統合。

感覺統合的能力是與生俱來的，感覺統合的進行也是自動自發的，感覺統合的刺激來源就是我們生活中所有看到、聽到、摸到、聞到、嚐到、感覺到的各種事物，還有最重要的地心引力。一個孩子剛出生的時候，對於這些訊息尚無法清楚的區辨與因應，但他有旺盛的學習能力，只要父母能夠在安全的環境中給予充分的嘗試機會，你就不難發現，孩子每一分每一秒都在成長，他在努力學習使用父母生給他的身體來探索這個世界。你不用「教」他手是什麼，他會自己用摸的「找出來」；你不用「教」他怎麼站起來，他會手腳併用，自己「玩」起來。

在孩子從一個軟綿綿的新生兒，慢慢摸索長成一個小鬼靈精的過程中，他要學會怎麼好好的使用爸爸媽媽賜給他的身體，這是小寶貝們在離開爸媽獨自去上學前最重要的工作。當孩子學會了怎麼好好的運用他的四肢與五官，學會了怎麼與人用言語溝通表達，學會了怎麼自己找出問題的解答，他就會樂於追求更多的知識，學習更多更難的操作技巧。這樣的學習就是主動的學習，一點都不需要讓爸爸媽媽跟在身後催促前進，就能得到良好的效果。

我們可以教孩子雕刻出一尊雕像，卻不能教孩子愛雕刻，但是當孩子自己覺得他有能力雕刻，他可以玩出樂趣，他自然就會愛上雕刻。我們所能做的就只有在他開始學雕刻之前，陪他把拿雕刻刀的手練得靈巧、有力；陪他一起觀察周遭事物的線條，培養雕刻家最基本的能力，當他夠成熟，雕刻這件事自然水到渠成。

把成長的主導權交回孩子的手上，陪著他把基本能力練好，他才能對更複雜的學習有信心，更有學習的意願。爸爸媽媽陪在孩子的身邊，看著孩子一天一天長大，一點一點的把他無限的潛能發揮出來，這才是全世界最偉大的成就。不是嗎？

來自於基因的本能，是教不出來的。有讓孩子親自動手做，才能讓孩子從操作中學習成長，享受學習所帶來的樂趣。爸爸媽媽一起來為孩子加油吧！給他一個安全的環境自由發展，未來他才有能力振翅高飛，翱翔萬里。

臺安醫院院長

【推薦序 2】

給孩子魚竿，更要助他培養釣魚的能力

致力教育多年，「如何給孩子營造一個更好的學習環境」是我每日每刻不斷努力的方向。竭盡所能的有效運用資源、打造最好的學習空間、補充相關的教學設備、延請最好的老師……，萬般的努力，只為了讓每個孩子都能在最好的環境中學習，讓每一個準備要展現優秀能力的孩子，在學習資源上不至於短缺。

但，即便是提供了最好的設備與師資，還是有不少孩子在學習的過程中挫折不斷，成效不彰。這些孩子和其他小朋友一樣活潑可愛，一樣聰明伶俐，指導的老師們也無不費盡心力的想要讓他們跟上同學們的進度，從這些孩子明亮的眼眸中，我可以感覺到他們並不笨，但他們就是無法好好的坐在教室裡聽課、無法跟同儕和睦相處，不論老師怎麼引導，就是無法讓這群孩子在學業上有所斬獲。不只孩子覺得挫敗，負責教學與輔導的老師們也因為無法協助這些孩子突破困境而大感挫折。而這樣的例子在這些年裡有增無減，家長與老師們怎能不憂心忡忡？

就在師長們大傷腦筋的同時，一部分的孩子經過醫師的診斷，終於知道他們的問題所在。原來這些總是與痲煩畫上等號的孩子並不是腦袋不好，只是「還沒有準備好」。罰寫一百次或許也能讓他們記住一些知識，但如果我們能了解孩子們躁動、不專心的原因，幫助孩子把學習的基本能力準備好，這些孩子的困擾不見了，學習成效自然會有顯著的進步。不用寫一百次，也能牢牢的把老師教給他的知識記住。

天下沒有不樂見孩子成長的父母與師長，但我們的專業或許未涉及這些與醫學相關的領域，故無從判斷孩子在這方面的需求。相關的典籍又極為專業，內容艱澀難懂。今有幸，致力於相關學術與臨床研究的專業人員們願意將此知識以平易近人的文句著作詳述，讓家長與教育工作者可以輕鬆的依照書中的檢測表來觀察孩子的行為，發現孩子的問題，進而協助孩子及早進行訓練與治療。這對家長與老師們而言無疑是一大助力，而孩子更是受益無窮。過去我們只知道要給孩子最好的，透過這本書的介紹，我們知道培養孩子自己有「欣賞最好的、自己去找最好的」能力是更重要的。

教育是百年大計，光是教孩子是不夠的，我們應該在孩子的學習路程上，隨時注意孩子的能力發展。古人說：「給孩子魚吃，不如給他魚竿釣魚」，現在我們應該更進一步「讓孩子有釣魚的能力」。希望每個孩子都能在父母師長的共同努力下，成為「有能力主動學習」的精英。

許銘欽

康僑國際學校青山校區校長

【推薦序 3】

一起加油，成就未來主人翁的健全發展

今日有幸為我們系上（高雄醫學大學心理學系）優秀系友的著作寫一段序文，其實對本書內容，個人能力仍有所不及之處，因此就以學習者的角度拜讀全文，敘說一點感想。

端端（容許我以最熟習的暱稱來稱呼）是個人任教早期的學生。當年教的學生素質很好（現在也不差），可惜當時個人教學經驗不足，沒有讓她們學到更好，對此，我一直耿耿於懷。因為學生能力強，菜鳥教師反而「受教」許多。端端她們班就是讓我成長很多的班級之一，她們班「嗆功」一流，每次要上她們班的課都很緊張，深怕稍有閃失馬上被嗆。很不巧第一次（幸好也是唯一的一次）點名就因為端端的名字被同學嗆。端端本名許翠端，但我不小心卻喊出許翠「瑞」，馬上被全班同學糾正：「老師，是端端啦！」。

時間已過十餘年，端端也由小女孩成長為可以獨單一面的大將。真可以說後生可畏，現在她出版第二本重要書籍，我也很榮幸替她的作品寫個小小序文。

個人在學校教授實驗方法及知覺心理學。對於感覺統合完全是外行。雖然，在感覺統合的內容上，有許多和知覺心理學相關或相同的字彙，但是他們所指的與我們知覺心理學與實驗心理學中有些不同。更明白地說，由實驗及知覺心理學的手段，仍無法解決在感覺統合領域中所談到的問題。

因為科學性的心理學實驗中，確定

性要非常高（簡單地說，排除所有可能影響結困的其他因素之後，還要有95%以上的確定性，資料才算有效）。因此對感覺統合相關的各項問題，以現今的心理學實驗（包括知覺心理學）之科學手段，還沒有能力來研究。

然而，小孩的成長不會因為科學研究的快慢而有所影響。以現在的應用層面而言，小孩發展相關的想法、理論，相對而言，感覺統合是較為穩定的。當然如同前述，有些部分不是科學方法可以「現在」就能證實（反過來說，家長如果在廣告中看到科學研究證實的字句，一定要小心，其中不少是假科學之名的非科學研究）。但是為了小孩的社會適應及認知能發展，個人也希望讀者們（尤其是家長）一定仔細閱讀本書，並與您的醫師及相關人員充分地合作。因為您的寶貝一直在長大，不管您有沒有注意他們相關細節。

我想，當家長們能適切地運用這一本書，端端以及本書的其他作者們的努力就達成應有的目標了！

最後，讓我們為了未來主人翁的健全發展，一起來加油吧！

高雄醫學大學心理學系副教授

【推薦序 4】

從日常生活著手，早期發現孩子的發展問題

如果你問我，身為專業的兒童發展治療師，最不願意碰到的是什麼樣的情形？我可以很明確地回答：我最不願意看到的是「被耽誤了」的孩子。

什麼是「被耽誤了」的孩子？

常常聽家長抱怨說「這個孩子看起來怪怪的！」「這個孩子不喜歡和大家一起玩，和他弟弟不一樣！」「這個孩子很膽小！」「這個孩子都坐不住！」這些孩子的「不一樣」，不僅困擾著家長、老師，其實孩子本身更是最大的受害者，因為他們在一個被認為跟別人不一樣的環境中，而環境一直帶給他們許多無形的壓力，這些壓力讓他們生活得不快樂，而影響應有的學習效果。

而這些不一樣很可能是某種發展異常，其實有很多孩子的發展異常，是在很小的時候就可以被發現的。從日常生活操作中就可以看出，孩子對於周遭環境訊息的反應能力好或不好？他有沒有辦法適應新的刺激？能不能對這些刺激做出正確的反應？當爸爸媽媽發現孩子對某些刺激沒有反應，或是對某些刺激的反應竟然異於常人的激烈時，如果能及時介入，給予協助，這些問題是可以在一段時間的訓練後得到相當大的改善的。

最怕的就是爸爸媽媽的警覺性不夠，或是相關資訊不足，無法及時發現孩子的異常，老一輩的想法甚至會為孩子的任性、挑剔與種種擾人的行為找各種藉口，最常聽到的就是「孩子還小嘛！長大就會好。大隻雞晚

唷！」但這麼多年的臨床經驗中，我所看到的卻是「長大了就很難好」！孩子的成長過程中，即便只是簡單的「吃飯、喝水」，都能反應出他有沒有把爸爸媽媽賜給他的身體好好的「動」起來。發現孩子的發展問題，就是要從日常生活中細微的事著手。

現今市面上到處可見「感覺統合」的宣傳，然而這些宣傳字眼往往令家長感到困惑。本書的作者皆是經過國際感覺統合評估認證，結合經驗豐富的臨床工作者，他們將目前國際上知名的感覺統合理論與多年的服務經驗結合，以最淺顯易懂的文字敘述，讓家長與老師們都能輕鬆了解感覺統合理論。書中更清楚的羅列各種感覺統合異常的指標行為，讓家長與老師能夠隨時幫孩子做觀察檢測，以便在問題發生初期就被發現，及時給與孩子適當的刺激與練習機會，使小問題不會在日後演變成不可收拾的大麻煩。

目前早療資源一位難求，而這本書可以提供家長清楚的觀念，讓家長提早為孩子在家中執行家庭衛教訓練。我相信所有的治療師叔叔阿姨都不希望看到孩子是因為早期沒發現而演變成大問題才來接受治療。衷心的希望每個孩子都能在爸爸媽媽細心的呵護下，健康快樂的成長，發揮出無限的潛能。

前臺安醫院兒童發展復健中心技術長

【作者序】

準備充分再站上起跑點，比「提早起跑」更重要

小孩子的發展行為問題，長期以來一直被認為單純是教育的問題，父母、老師與家長不斷的在教育上下功夫，卻常常苦於無法突破瓶頸。近年來，「少子化」現象讓小孩子的發展問題更受到重視，隨著醫學的進步，很多醫學報告研究指出，小孩子發展早期出現問題，實際上是因為神經在成長過程中不夠成熟，導致兒童早期在接收訊息、傳遞訊息、整合訊息到運用訊息之表現上相對不夠好，造成孩子的衝動性高、對危險的警覺性低、手腳肢體的協調性不佳、對環境訊息的因應不良……之種種的障礙，除了讓孩子在學業功課上的表現不穩定之外，生活自理與人際相處之退縮，還很容易讓孩子在日常生活中發生大大小小的意外，造成身體上的創傷，更讓家長成日提心吊膽，深怕稍有閃失，便造成無法彌補的缺憾。

孩子從出生的那一刻起，就要自己面對環境中的各種感覺刺激。聲音、光線、觸碰、重力，還有周圍環境中各種的刺激訊號，不斷的從各個感覺器官輸入到孩子的身體，這些是爸爸媽媽再愛他都無法幫他感覺的。如果孩子不能精確敏銳的接收這些訊號、不能正確迅速的解讀這些訊號的意義，甚至不能決策指揮自己的身體對這些訊號加以反應，那麼這個孩子就無法做出我們所謂的「正常行為」、「適動行為」，更遑論有優異的表現。一個本體覺不良感覺不到高低落差的孩子，小的時候容易從床上跌落甚至從樓梯上滾下來；觸覺的反應遲鈍的

孩子，身上常出現大大小小的傷口、淤青而不自覺；觸覺過度敏感的孩子又總是緊張兮兮，這也不玩那也不玩，一天到晚發脾氣，連一個好朋友也沒有；前庭覺不良小孩常有移動平衡或重力速度的問題，常常暈眩或重心不穩跌倒……。早期的知覺學習經驗不良，會讓孩子無法建立足夠的自信，失去日後多元競爭的能力。

從醫學的臨床角度上，我常看到很多類似的案例，這類小孩成了醫院的長期病患與高頻率就醫病患。大部分這些患者在年齡很小的時候就開始累積病歷，除了比一般人更容易受傷就醫外，有些甚至具有容易過敏體質，常常遭受疾病折磨。另外，小孩與醫護人員配合情況也比較不好，使得父母常會有更多擔心與操心。

小孩神經發展是相當複雜的過程，對大部分父母是一門艱澀的學問。很多父母於小孩受傷時會互相責怪對方教育不好，甚至毆打並責難小孩，要為其經常受傷行為付出慘痛代價，除了引起家庭口角外，對小孩更是最大夢魘。但這些父母的情緒化行為，卻無助於確保未來小孩不會再受傷。

在我們開始對這些家長建議讓小朋友實施發展評量檢測，來確認找出小孩是否因感覺統合失調引起之併發症後，反覆就醫情形有逐漸改善。對有發現問題之小孩，我們進行轉介至醫療體系進行早療訓練，對家長應有相當大的幫助。但那些沒有確實檢測之小孩，常是因為父母不知道、很忙、或認為沒那麼嚴重之理由，使得小朋友失去了最關鍵的黃金機會，相當可惜。在此前提下，此書或許可以幫助這些父母對自己小孩發展概況有初步認知，不致於因為種種原因耽誤優質發展最佳機會。

閱讀此書不是讓孩子「贏在起跑點上」，而是讓小孩辛苦在跑時，父母與家長能助其一臂之力，了解他們落後或跌倒的原因並及早矯正。當今的社會一切講求快速，但孩子的成長卻是要隨著神經生理的成熟一步一步來，提前開跑不是發展之關鍵，跑得健康才最重要。只有當孩子的身心能力都準備好，建構面對挑戰處置能力後，讓他自己願意踏上起跑點，才能衝刺跑出頂尖的成績。把一個還沒有準備好的孩子推上起跑點，除了承受更多體力不繼與耐力不足之打擊外，小孩會產生更多挫折感而退縮不願主動探求。

有鑑於此，希望本書能分享給家長與學校老師正確兒童發展的觀念，不需要為了孩子不專心、好動而困擾，但是要注意其實際神經生理發展的狀況，讓每一個家長、老師可以用最簡單的方式，在日常生活中就幫孩子做最基礎的檢測，一旦發現孩子有實質意義的問題，能找到正確管道及早介入訓練處置，日後才能發展出更優質均衡的能力。

讓孩子在準備充分的狀況下站上起跑點，永遠比「提早起跑」重要。我很高興執筆過程有許多這方面領域之專家的參與，也感謝醫界、教育界前輩為此書所作之建議，也期望在醫療人員、家長及老師的共同努力下，能培養出更多優質的國家棟樑。

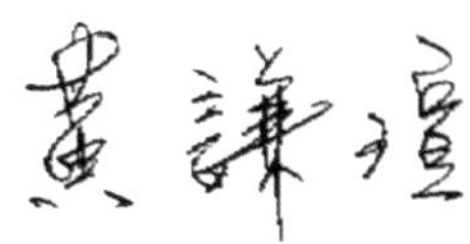

臺安醫院小兒復健科主治醫師

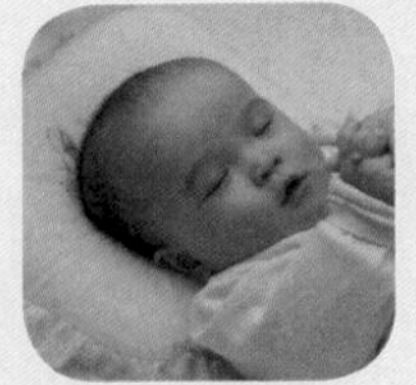

前言

挖掘荒島上的寶藏

先從幾個小故事談起

感覺統合不良的孩子，

就好比一箱擱置在人際荒島上的寶藏，

寶藏再美再珍貴，

沒有人上島去發現他，

他的光芒就永遠展現不出來。

孩子老是在學校闖禍
——從遊戲中累積成功經驗及自信

「如果不是因為他是我生的，我就把他打死！」冠霖的爸爸氣急了，每次學校的老師打電話到店裡都沒好事，不是冠霖又跟同學打架，就是孩子又闖了什麼禍，老師需要找家長到學校談談……。

剛剛爸爸才到幼推園去把冠霖帶回家，這次是因為冠霖在搶玩具的過程中，把同學打傷了。在園長辦公事裡，冠霖的爸爸不斷地向同學的家長道歉，同樣的場景已經不知道重演過多少次，終於園長逼不得已地告訴爸爸：「能不能考慮幫冠霖換個環境？因為同學的家長威脅說：『如果冠霖繼續留在學校，她就幫自己的孩子轉學，並說服其他的家長一起幫孩子轉學』。」

敏感、不懂得自我控制導致誤解

其實冠霖不是個壞孩子，熱情的他超喜歡幫助別人，但對於常常遭同學指控他愛打人，他也不知道該怎麼替自己辯解，他真的有滿腹的委屈，每次被老師、爸爸責罰時，卻只會生氣地反抗或是嚎啕大哭。

「同學搶我的玩具我不給，伸手一推，他就跌倒受傷了。」

▲孩子藉由不斷摸索、學習操控自己的肢體，做出日漸精緻化的動作。

「同學笑我是『大笨象』笨手笨腳，我好生氣，順手把手上的玩具一扔，就打中同學，又讓同學受傷。」

「排隊的時候，同學粗魯地推擠讓我覺得很不舒服，隨手把同學推開，他就哇哇大叫地去跟老師告狀。」

上述的事件不斷地發生，大人對冠霖一點辦法也沒有，相對的，冠霖對這個不公平的世界也同樣一點辦法也沒有。事實上，比同儕長得高大的冠霖一點都不壞，他只是很敏感，又不懂得怎麼控制自己的力氣。

給予足量刺激，發現孩子的不同

到了大班才轉學到新的幼稚園，對冠霖來說是很可怕的事。他害怕新同學不喜歡他、害怕老師不喜歡他、害怕表現不好又讓爸爸生氣……，好多好多的害怕讓冠霖變得沉默，不敢主動跟新同學一起玩，但是問題沒幾天就被解決了。

新學校裡有很特別的活動，讓冠霖變得越來越有自信。每天早上的遊戲時間，老師會先帶著小朋友用小毛巾搓揉全身，然後輪流在粗粗的地毯上滾來滾去，讓每個小朋友的感覺神經都甦醒了，才開始一整天的課程。

下午放學之前都有「擁抱與讚美時間」。老師與小朋友一起觀察所有的老師與同學，發現彼此的優點，並選擇一個自己覺得很棒的人，在放學之前主動地給予對方讚美及擁抱。

第一次被 Emma 老師擁抱，並稱讚他幫忙收拾玩具非常用心的冠霖，雖然滿臉的害羞，但是他高興極了。

第一次被小朋友擁抱，並且謝謝他分享故事書和玩具，冠霖更是開心地一整晚不停地跟爸媽炫耀。

在新學校裡找到自信的冠霖，越來越喜歡上學。他在遊戲中學會了控制自己的力氣，同學不小心惹惱了他，他也會忍住怒氣，試著以勸告的方式要求同學不要再這樣，並且不再先動手還擊。只花了短短的幾個月時間，冠霖就從愛生氣的小鬥雞變成有禮貌的小紳士。

從遊戲中累積成功經驗及自信

您的孩子也有相同的困擾嗎？事實上，那不是一種病，只是孩子操作的品質不夠好。一般若觸覺系統比別人敏感、本體覺也不發達的孩子，假使長得比同儕高壯，很容易就會出現像冠霖這樣容易被激怒、笨手笨腳的狀況！

因此，總是不斷地在同儕中遭遇挫折而打擊自信，孩子當然會覺得委屈、不開心，如此惡性循環下去，對孩子是非常大的傷害。事實上，解決的方法並不難，只要給予足量的刺激，從日常遊戲中累積孩子的成功經驗，他慢慢地就會重拾信心。

醫生的小叮嚀

感覺統合並不是一種「治療」，而是利用日常生活中各種自然的刺激，將孩子本來就應該有的能力引導出來，讓孩子運用自己的力量突破成長的障礙，使他快樂、自信的成長。

被五家幼稚園拒收的孩子
——幫助孩子克服過度敏感，找出優點

聰明的貝貝有個怪脾氣，她討厭抱抱，討厭親吻，討厭弄髒，稍有不順意就大吵大鬧，甚至出手打人。短短的兩個月裡，她被五家幼稚園拒絕了，斷斷續續的就學，讓她的功課落後很多……

「我知道貝貝很聰明，可是她真的很難搞！」

貝貝的爸爸是外商公司的總經理，媽媽是知名的服裝設計師，夫妻倆盡管工作忙碌，還是非常重視女兒貝貝的教養。但貝貝從小就不好帶，脾氣非常古怪。

小學之前，貝貝前後只上過兩個月的幼稚園。並不是爸爸媽媽捨不得讓貝貝上學，而是這短短兩個月裡，有五家幼稚園委婉的拒絕了貝貝，因為貝貝無法和其他小朋友相處，總是抓傷別人。

於是爸爸媽媽只好讓貝貝在家裡，請了保母來家裡陪貝貝。

敏感、挑剔的孩子，較難建立良好的人際關係

貝貝是聰明的，所有帶過貝貝的保母都這麼說。她很小就學會認字，也很有畫畫的天分。貝貝的認路能力也很好，走過一次的路，貝貝就能記住；跟爸爸玩迷宮遊戲時，爸爸反而常輸給只有五歲的小貝貝。

可是貝貝有個怪脾氣，她討厭抱抱，討厭親吻，討厭弄髒，從小就有

嚴重的潔癖。挑剔的性格，讓所有跟貝貝相處過的人都大呼吃不消。如果不順從貝貝的意思，她就大吵大鬧，甚至會出手打人。

去年貝貝進了小學，起初的狀況都還好，老師也說貝貝只是比較安靜，很少跟小朋友有互動，其它的學習表現都還不錯。直到有一次體育課，小朋友在跑步的過程中，不小心撞倒了貝貝，貝貝從地上爬起來，發現衣服弄髒了，就憤怒的把撞她的小朋友給抓傷了。從那天起，貝貝動不動就鬧著說不要上學，常常一早就哭鬧不休，甚至有幾次哭到臉色發白，胃痙攣送醫。

這樣斷斷續續的就學，讓貝貝的功課落後許多，爸媽只好請家教老師來家裡教貝貝，想不到這剛好給了貝貝不用上學學習的藉口，她寧可自己在家跟著家教老師學，也不要去學校。動不動就請假，讓貝貝很難與同班的小朋友建立關係，去了學校也沒有朋友，她更不想去了。

感覺統合不良的孩子，需要及早給予協助！

貝貝的種種行為問題，讓爸媽傷透腦筋，不知該如何是好，雖然有些人說脾氣的問題，長大就會比較好。可是貝貝一天天的長大，執拗的脾氣卻愈來愈嚴重。

直到一年級下學期來了一位新的家教老師，她建議貝貝的爸媽帶她去醫院的兒童復健科做完整的評估，才發現貝貝是感覺統合不良的孩子，她的觸覺與前庭覺都過度敏感，任何一點小刺激對她來說，都會造成很大的不舒服，於是在強烈的觸覺干擾下，她很難有穩定的情緒來面對環境中大大小小的刺激。

盡管她的天資聰穎，但沒有穩定的情緒，貝貝就是無法好好的在自然的環境下學習。為了避免這些她無法忍受的刺激，她只能把自己和其他人分隔開來，就像把自己鎖在海上的小荒島一樣。

如果你是貝貝的父母，你會怎麼做呢？是要等待孩子慢慢長大，賭賭看貝貝會不會隨著年齡漸長而自然變好嗎？貝貝的爸媽選擇了接受醫師的建議，立即讓貝貝接受治療師的訓練，並且每天早上花十分鐘親自幫貝貝做觸覺刷的刺激（參見第 7 章，第 135 頁），平常只要有空，就帶著貝貝去參加各種活動，溜直排輪，玩盪鞦韆。夫妻倆盡可能的挪出時間，一起陪貝貝去參加體能館的活動，讓貝貝有更多機會舒展筋骨，與其他指導教練與小朋友互動的機會。

持之以恆的刺激活動，幫助孩子回歸正軌！

一年多下來，貝貝進步了許多。現在貝貝就要上三年級了，雖然她還是偶爾會賴皮說不要上學，但那都只是因為那天沒睡飽，想賴床。貝貝在學校裡也交了好朋友，會主動的邀小朋友來家裡玩，幾個小朋友也常手拉手一起放學回家。當然，原來就聰明的貝貝在功課的表現上也沒讓爸媽操心，表現一直都很優異。親戚朋友們來訪，都對貝貝的改變感到驚奇，直問貝貝的爸媽讓女兒吃了什麼仙丹妙藥，才讓貝貝改變這麼大？

有許多的都市家長對於貝貝的幼年經驗是非常熟悉的，因為這就是他們家中寶貝的翻版。從孩子一出生，家裡的氣氛就變得緊張。當孩子會走會跑之後，他惹出來的麻煩就從沒斷過，進了幼稚園，不斷有老師來告狀，嚴重的還會請家長把孩子轉到其他學校去。

上了小學，孩子與同學間的衝突不斷，學習情緒自然大受影響。教養這樣的孩子，對爸爸媽媽來說，簡直就是一場惡夢。最讓爸媽感到痛苦的是：明明知道他是個聰明的孩子，卻對他的困境無計可施。

感覺統合不良的孩子，就好比一箱擱置在人際荒島上的寶藏，寶藏再美再珍貴，沒有人上島去發現他，他的光芒就永遠展現不出來。面對這樣的困境，孩子往往無法自己摸索出解決的方法，也不知道如何求救。這時爸媽應及時伸出援手，主動的在荒島與陸地間架設橋梁，讓孩子有機會走出荒島，也讓其他人有機會發現這個孩子的優點長處，才能讓孩子不凡的人生價值顯現出來。

貝貝就是最好的例子。如果沒有爸媽親自參與刺激活動，並且持之以恆，恐怕現在的貝貝還困在人際的荒島上孤立無援。她不知道該怎麼克服身體上過度敏感所產生的不舒服，就只能自顧自的大發脾氣；沒有朋友，沒有人能分享自己的小祕密，也沒有機會從別人身上學習有趣的遊戲。然而這一切都因為爸媽的付出而改變了。貝貝的光芒，終於有機會在人前耀眼的展現。

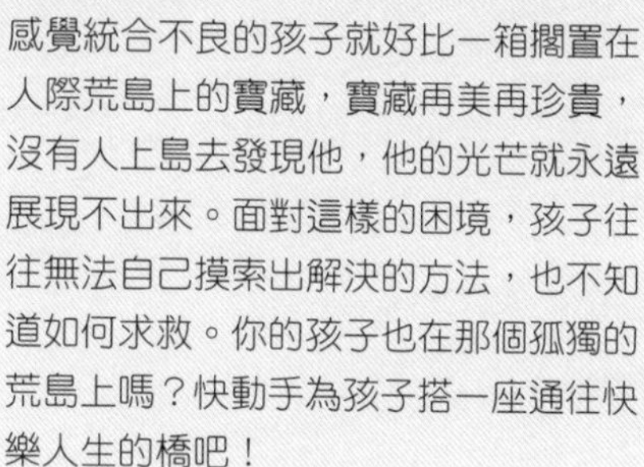

醫生的小叮嚀

感覺統合不良的孩子就好比一箱擱置在人際荒島上的寶藏，寶藏再美再珍貴，沒有人上島去發現他，他的光芒就永遠展現不出來。面對這樣的困境，孩子往往無法自己摸索出解決的方法，也不知道如何求救。你的孩子也在那個孤獨的荒島上嗎？快動手為孩子搭一座通往快樂人生的橋吧！

從「量」到「質」——讓孩子學會惜物，提升品味

拿到生平的第一筆零用錢時，小維好高興，和念幼稚園的弟弟一口氣買了二、三百元的糖果，看到弟弟開心的表情，小維覺得自己神氣極了。但幾個星期下來，小維很快的發現，零用錢總在星期二就花光了……

決定每個星期發給小維零用錢之前，爸爸媽媽也猶豫了很久，到底該不該讓一個才小學三年級的孩子自己保管金錢？孩子究竟懂不懂「錢該怎麼用」？但爸爸覺得，從小就讓孩子懂得妥善保管與運用自己的財物，對孩子來說也是重要的經驗，於是決定每個星期給小維五百元。

讓孩子從生活經驗中學會自我控制

拿到生平的第一筆零用錢時，小維好高興，覺得自己長大了。以前他想要買玩具、零食，都要跟媽咪商量，現在他有錢了，隨時可以去買自己想要的東西，真的很開心。看到還在念幼稚園的弟弟一臉羨慕，小維慷慨的說：「想要買什麼糖果，哥哥都買給你。」兄弟倆一口氣就買了二、三百元的糖果，看到弟弟開心的表情，小維覺得自己神氣極了。

幾個星期下來，小維的零用錢總在星期二就花光了，可是爸爸很堅持，小維得等到下個星期一才能再領到五百元。漸漸的小維發現「錢用得好快！如果不省一點花，五百元很快就花完了！」小維在心裡打定了主意，下次要花錢之前，一定要仔細想想。

接下來的幾個星期，媽媽觀察到，小維在花錢這件事上已經開始變得「小心」。他還是常常帶著弟弟去買東西，但是在買之前會多花些時間考慮買哪一個比較「省錢」。

有一回小維帶著弟弟去文具店買自動鉛筆筆芯，他看看標價，然後告訴弟弟：「這種筆芯好貴，三十元一盒，只有二十支，另外這種比較便宜，只要二十元，就有四十支筆芯了，我們買二十元的就好，一盒就夠我們兩個人一人分二十支了！」

弟弟好佩服哥哥這麼聰明，可以花比較少的錢，買到這麼多東西。的確，在小維的精心比較之下，五百元可以買到的東西變多了，爸媽也誇獎小維愈來愈聰明，學會怎麼節省花費了。

透過不斷地學習，摸索出正確的價值觀

這樣過了幾個星期，媽媽又帶著小維到文具店買筆芯，小維在架子前考慮了很久，決定選三十元一盒，卻只有二十支的筆芯。

媽媽驚奇的問小維：「這種筆芯不是比較貴嗎？」

小維回答媽媽：「這幾個星期我發現，二十元四十支的那種雖然便宜，可是很不好用，容易斷。四十支，沒幾天就用完了。這種三十元的雖然比較貴，可是它的品質比較好，不容易折斷，一支可以寫好久。用完二十支的時間，比那種便宜的用完四十支還久。我覺得還是選這種比較划算。」

大部分的家長都碰過與上述案例相同的問題：到底該不該給孩子自己管零用錢？孩子究竟懂不懂「錢該怎麼用」？

孩子的慾望就跟他用不完的精力一樣沒完沒了，把錢給他，讓他隨意花用，以後他會不會變得浪費，不懂珍惜？可是不給他，孩子會不會覺得爸

爸媽媽管太多、太小氣？

還有一部分的家長雖然也大方的給孩子零用錢，可是孩子依然不被允許依照自己的意願去買喜歡的東西，凡事都要經過爸媽的同意才能花用，零用錢不過就是爸媽暫時寄放在孩子口袋裡的一張鈔票而已。

還記得孩子在出生二、三個月時，不斷玩弄自己雙手那個畫面嗎？由於還搞不清楚自己的肢體如何控制、各種感官知覺又是從哪來的，所以孩子不斷的摸索、學習操作自己的肢體，大量重複各種他可以分辨的感官刺激，然後慢慢學會控制，做出日漸精緻化的動作。

「親身體驗」是累積經驗的必要方法

不論是生理上的肌肉發展、肢體操作，或是智能上的思維邏輯，孩子從出生的第一天起就不斷從「親身體驗」的過程中整合各種訊息，變成自己的經驗，道德與價值觀也是如此，發展的順序是從以「量」取勝，到求「質」的精進。糟糕的是，有許多孩子在追求「刺激量」的過程中，就被家長強力的制止，對「量」的需求，永遠都停留在不滿足的狀況下，孩子只能用「時間」來彌補，因此即使已經過了那個年紀還是不斷的重複錯誤，來滿足本能上對刺激量的需求，當然也唯有在他累積足夠的經驗之後，才能整合出一個正確的操作方式。但孩子在成長過程中因為不斷犯錯，不斷重複被責備甚至於處罰的經驗，對他的自信是相當大的打擊。在自信不足的狀況下，學習與整合的效果也會跟著大打折扣喔！

當然我們並不是鼓勵家長毫無限制的給孩子零用錢、讓孩子隨意玩耍破壞，而應在適當的時間給孩子適當的引導即可。

小維的爸媽發現兒子漸漸長大，理解與思考的能力也不斷在進步。進入小學三年級之後，應該慢慢學習如何管理自己的物品，也應該慢慢建立正確的金錢觀念，以免未來小維更大了，對於物質的慾望更多，到時候想要約束他節省花用，就會變得更難。於是爸媽以每星期為基準，讓小維從每個星期的花用經驗中先體會「花得愈多，剩得愈少」的道理，慢慢進步到「以量取勝」，再接著進步到「在合理的預算下選擇最高品質的物品，才是真正的節省」。

這個過程中，孩子在金錢與物品的概念之間已經由基本的「量」的觀念成熟到更深一層的「質」的思考了。這並不是一天兩天就可以教得來的觀念，父母要有足夠的遠見，給孩子足夠的信任和包容，給孩子時間，陪他們在不成熟的操作模式中摸索，並適時給予指導，才能讓孩子從親身經驗中學得重要成長。

要記得，從來沒有經歷過的事，孩子很難在第一次就做好；但是曾經反覆操作比較過的事，我們就可以從過去的經驗中整合出一個最棒的解決方式，將它正確的執行出來。這就是他們的神經發展、動作發展、認知發展、各種能力成長的必經過程。

醫生的小叮嚀

你家的寶貝是不是也該學會如何自己管理自己的零用錢了呢？傳統的觀念中，長輩總是叮囑孩子要把錢存起來，卻沒有教孩子錢該怎麼花才是真正「把錢花在刀口上」。如果爸媽能從旁給孩子建議，和孩子討論廠牌、價格等重點，最後還是讓孩子自己做決定，讓孩子養成正確的金錢觀，這樣孩子未來才不會變成「月光族」喔！

我也可以幫哥哥的忙
——讓兄弟為彼此成就喝采

「當哥哥真好，為什麼我只是弟弟？」小綸的心聲也很多家庭中弟弟妹妹的共同心聲。為什麼每回哥哥要考試，平常都會陪小綸畫畫的媽媽似乎就把注意力全都移到哥哥身上，小綸從幼稚園回來，卻只能自己安靜的畫圖……

「媽咪，明明是哥哥要考試，我又沒有要考試，為什麼我也要安靜？」

剛上大班的小綸實在無法理解為什麼一到哥哥月考前幾天，家裡的每個人都只關心哥哥需要安靜的空間準備功課，卻沒有人在乎小綸想要看電視、想要跟哥哥一起玩遊戲。為什麼每回哥哥要考試，平常都會陪小綸畫畫的媽媽似乎就把注意力全都移到哥哥身上，小綸從幼稚園回來，卻只能自己安靜的畫圖。

即使是小孩子，
也希望自己的存在被肯定！

「當哥哥真好，為什麼我只是弟弟？」小綸的心聲似乎是大多數家庭中弟弟妹妹的共同心聲。他們無法理解爸爸媽媽的愛為什麼會在哥哥姊姊碰上考試時，就通通跑到哥哥姊姊身上去了，做為弟弟妹妹，雖然也很關心哥哥姊姊，可是對於他們的功課一點也幫不上忙，哥哥姊姊考得好不好，對弟弟妹妹來說似乎是八竿子也打不著，一點兒關係也沒有。

「爸爸媽媽為了配合這件與我無關的事，要我犧牲遊戲，也不陪我玩，都是哥哥害的……」對於一個五、六歲的孩子而言，這就是「爸媽比較愛哥哥」的事實。

其實小綸小小的腦袋裡也知道，哥哥正要面對重要的考試，他也好想幫上一點忙，因為每次他有不會做的勞作，哥哥都有能力幫他的忙，讓他可以帶著漂亮的作品去學校，可是他什麼也做不到，因為他太小，不像爸爸媽媽可以教哥哥功課，讓哥哥考得很棒，「幫不上忙」這件事讓小綸小小心靈大受挫折。爸媽注意到了小綸的反應，於是在哥哥月考結束後，花了點時間來跟小綸討論「弟弟要怎麼幫哥哥考到好成績」。

和孩子一起討論「要」做什麼，比命令他「不要」更有效

爸媽告訴小綸：「別人家的哥哥姊姊在準備考試的時候，弟弟妹妹都在旁邊搗蛋，吵得哥哥姊姊不能安靜看書，再不然就是玩遊戲玩得很大聲，讓哥哥姊姊分心，讀書不專心，考試當然考不好。這次哥哥可以考這麼好，小綸幫了很大的忙喔！因為你很體貼哥哥，讓哥哥有安靜念書的時間，哥哥才能很專心。哥哥有好成績，小綸是大功臣喔！哥哥很感謝小綸的幫忙呢！所以，哥哥月考第一名，爹地媽咪會送兩個人各一份獎品喔！而且還會先頒獎給小綸呢！」

「原來，我也可以幫上哥哥的忙啊？」對小綸而言，這可是了不起的肯定：「不是只有爹地媽咪才能幫上忙，我的年紀小，可是我也有幫上哥哥的忙。」

下一次又碰上哥哥的月考，小綸不再抱怨媽媽不陪自己畫畫了。他很主動的幫苦讀中的哥哥倒水，把家裡的電視音量轉小，盡量讓哥哥能夠安靜

的念書，還三不五時就跟哥哥說：「加油！加油！」當然，哥哥又考了第一名時，小綸也為自己能幫上大忙而高興不已。

終於有一天，輪到小綸參加英文測試了，小綸緊張的坐在位子上準備接受人生中的第一個考試，這時哥哥一直陪在他身邊，直到 考人員要求陪伴人員離開，哥哥還比其他小朋友的爸媽晚離開教室呢！

父母適時的引導，是家庭關係的潤滑劑！

手足間的親情是與生俱來的，但在成長的過程中，也需要家長適時的引導，才能避免小寶貝們因為理解能力不足產生誤解，對手足心生不滿，進而破壞了兄弟姊妹間的情誼。

爸媽可以在生活中盡量給予兄弟姊妹共同為一件事努力的經驗，這樣他們才能夠經歷共同奮鬥的過程，培養出相互扶持的情誼，並共享收穫的果實，且為彼此的成就喝采。如小綸跟哥哥都為了哥哥的月考努力，哥哥負責念書，弟弟負責不吵他，自己找遊戲玩，哥哥拿到好成績，弟弟也有參與，如此一來，兩人就有共同為同一個目標努力的過程，當成果出現時，兩人也能共享收穫的喜悅（得到父母的讚賞及禮物）。但是最重要的，小綸會認同哥哥的成就，不只不會嫉妒搞破壞，還會引以為榮。當然，下次哥哥換成了支援的角色，他也會發自內心的為小綸加油喔！

醫生的小叮嚀

父母可以在生活中盡量給予兄弟姊妹共同為一件事努力的經驗，這樣他們才能夠經歷共同奮鬥的過程，培養出相互扶持的情誼，共享收穫的果實，並且為彼此的成就喝采。

Chapter 1 發現孩子的問題

相信有許多家長
在陪伴孩子成長發育的過程中，
有時會覺得孩子好像「怪怪的」，
可是又說不上來是哪個地方出了錯。
明明看起來就是個聰明的孩子，
怎麼好像在碰上某些狀況時
就會突然「當機」？

相信有許多家長在陪伴孩子成長發育的過程中，有時會覺得孩子好像「怪怪的」，可是又說不上來是哪個地方出了錯。明明就是個聰明的孩子，怎麼好像在碰上某些狀況時就會突然「當機」？

在過去的傳統觀念中，對於這些說不出個所以然的小毛病，總會認為「孩子還小，長大就會好。」這些看起來好像不太嚴重的小問題就這樣被擱置下來。直到孩子慢慢長大，進了幼稚園，開始出現適應不良、學習緩慢與同儕融合困難等問題時，才被有經驗的老師提醒：「孩子有可能是感覺統合出了問題，最好還是帶去給醫生檢查。」

到底感覺統合不良會有哪些表現？家長能否在孩子的成長過程中，自行在家做一些簡單的觀察呢？

其實要發現孩子的感覺統合問題並不困難，最基礎的三大感覺系統「前庭覺、觸覺、本體覺」異常的時候，孩子在日常生活上會表現出動作不協調、情緒反應不適當的情形，並且常做出奇怪的事，或莫名其妙的受傷。

如果你在日常生活中覺得孩子的日常操作表現怪怪的，可是一時之間又無法明確的指出問題點，先別煩惱，以下我們將提供各種不同成因的感覺統合不良檢查表，家長可以趕快依照每一個檢查表中所敘述的行為特徵，來觀察家中小寶貝是否有符合的狀況。如果孩子在日常生活中的行為表現，在某一種成因的感覺統合不良檢查表中符合1～3項敘述時，孩子可能只是一時的適應不良，缺乏生活操作經驗，或僅需部分的協助即可達到一般正常水準。

如果孩子符合超過三項敘述，請家長一定要加以注意，盡快請教專業人士安排更進一步的感覺統合發展檢測。如有需要，亦應盡速安排協助治療，讓孩子在問題發生初期就能得到有效的輔助刺激，幫助孩子的發展及時步上正軌。

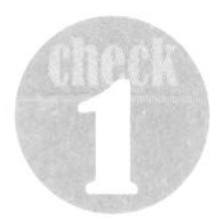

check 1 前庭系統發展不良檢查

前庭系統的整合不良，對孩子未來成長發展的影響層面相當廣泛。除了一般日常操作與學習理解的能力均會受到影響外，也可能讓孩子的注意力難以集中，甚至容易在活動中覺得身體不靈活，而阻礙孩子健康發展的機會。

以下我們羅列出各種與前庭系統整合不良有關的症狀，請家長盡快幫孩子評估，了解出現哪些狀況時應該要及早警覺與處理！

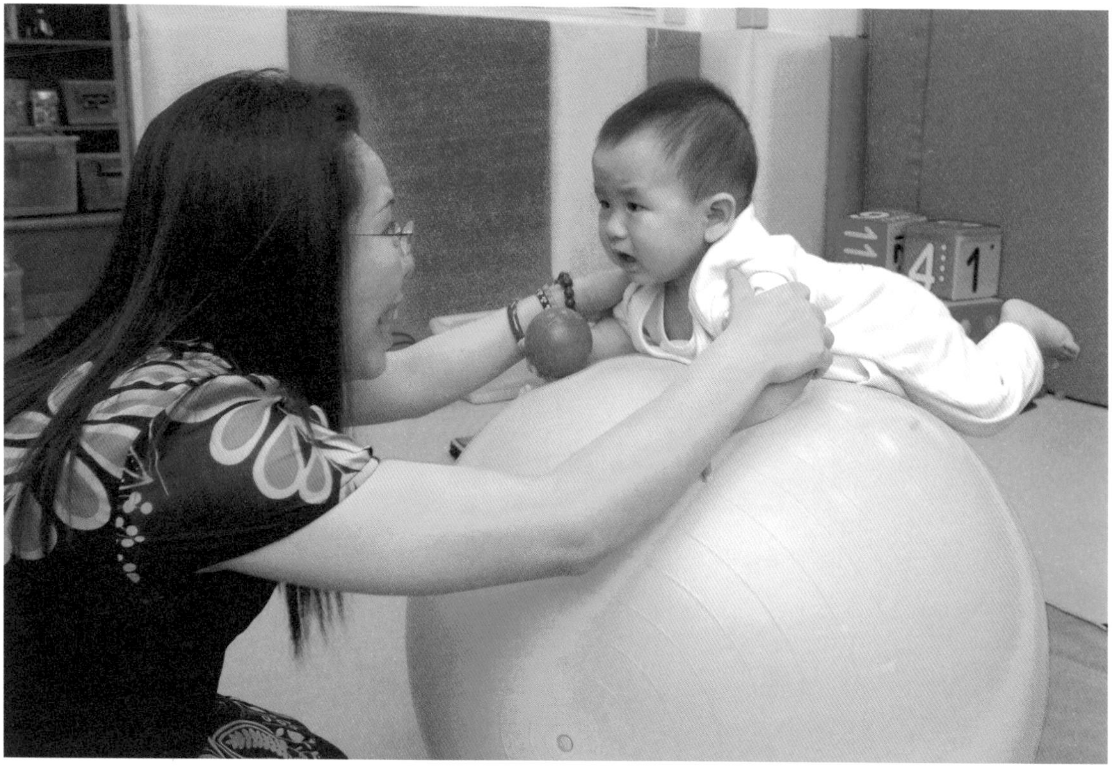

▲下樓梯會異常的緊張。

▲不愛玩樂場中的大型設施。

▲一上樓梯就覺得不舒服，常緊抓著扶手。

▲總是喜歡大人牽著他。

表一 常見的 前庭神經過度敏感 檢查表

- □ 1. **怕高**：對於一般人都可以接受的高度也無法忍受；下樓梯的時候會異常的緊張，雙手緊握扶手；不敢從有護欄的陽台向外看。
- □ 2. **討厭雙腳懸空**：不喜歡坐高腳椅或被高高的抱起，總是掙扎著要下來。如果有爸爸媽媽在身邊幫忙，有時會願意配合一下，時間一久還是會吵鬧著要回到地面上。
- □ 3. **不愛玩遊樂場中的大型設施**：例如鞦韆、滑板、攀爬架還有旋轉木馬等。
- □ 4. **警覺性很高、動作慢、耐久坐、不愛冒險。**
- □ 5. **不喜歡參與體能性的活動**：例如跑步、騎腳踏車、滑雪橇或是跳舞等。
- □ 6. **排斥感官刺激**：對於一般動作所帶來的感官刺激產生負面與情緒化的過度反應。
- □ 7. **不喜歡頭被倒過來**：例如洗頭時把頭彎到水槽的樣子。
- □ 8. **不喜歡爬樓梯**：一上樓梯就覺得不舒服，常常貼著牆走或是緊抓著扶手。
- □ 9. **容易覺得暈眩**：不管是乘車、坐船、搭火車還是搭飛機，都很容易暈眩。嚴重一點的，甚至連搭乘手扶梯和電梯也會無法忍受。
- □ 10. **看起來很任性、控制慾很強、難妥協、或是很娘娘腔。**
- □ 11. **總是喜歡大人牽著他。**
- □ 12. **無法忍受動作上的改變，因而逃避。**

如果家中的小寶貝在日常生活中，有1～3個表現符合以上的檢查項目，家長不須太過緊張，只要多加注意，並且給予相關刺激，未來幾週內認真觀察小寶貝有沒有慢慢改善就可以。

如果小寶貝日常表現符合的項目超過3個，請家長千萬不要等閒視之，應該要向專業人士求助，為小寶貝安排進一步的檢查與訓練活動喔！

表二 常見的 前庭神經反應能力不足 檢查表

- □ 1. **寫反字：**很容易會把某些字寫反，如「b」與「d」、「6」與「9」、「p」與「q」等。
- □ 2. **對於強烈、加速以及旋轉的動作有很大的需求：**例如在有滑輪的椅子上來回搖晃、旋轉，在彈跳床上不停的跳，愛坐雲霄飛車，喜歡在轉彎處追逐競速，做再多次也不會覺得頭暈。
- □ 3. **熱愛冒險，喜歡找刺激：**例如騎車總是愈騎愈快。
- □ 4. **常常喜歡從很高的地方往下跳。**
- □ 5. **好像需要不停的動來動去，才能夠維持身體的運作似的。**搖來搖去、盪來盪去、不停旋轉、不停抖動身體、搖頭、甩手、坐立難安。根本沒辦法好好的坐下來。
- □ 6. **很喜歡被翻轉成倒栽蔥的姿勢**，掛在床邊晃來晃去，或是趴著被搖來搖去。
- □ 7. **平衡感很差，常常跌倒。**
- □ 8. **常常不小心就撞翻物品或撞上家具。**

如果家中的小寶貝在日常生活中，有1～3個表現符合以上的檢查項目，家長尚不須太過緊張，只要多加注意，並且給予相關刺激，未來幾週內認真觀察小寶貝有沒有慢慢改善即可。

如果小寶貝日常表現符合的項目超過3個，請家長千萬不要等閒視之，應該向專業人士求助，為小寶貝安排進一步的檢查與訓練活動喔！

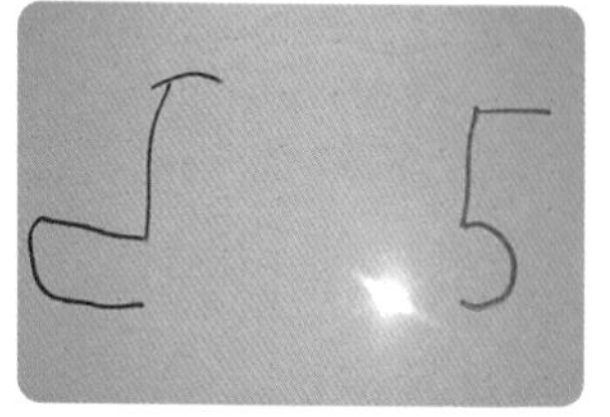

▲容易把字寫反。

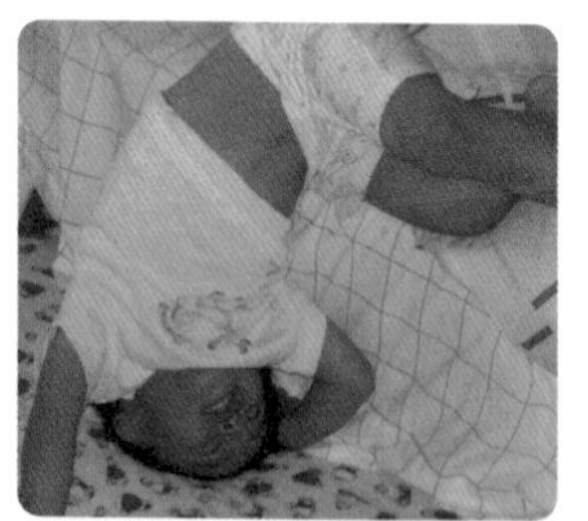

▲喜歡被翻轉成頭上腳下的姿勢。

▲平衡感很差。

表三 常見的 前庭神經區辨能力不良 檢查表

□ 1. **容易失去平衡**：爬樓梯、騎腳踏車、踮起腳尖往上伸展、跳躍或是單腳站著的時候很容易失去平衡。

□ 2. **動作不協調，甚至可以說是笨拙。**

□ 3. **老是為一些雞毛蒜皮小事而緊張兮兮。**

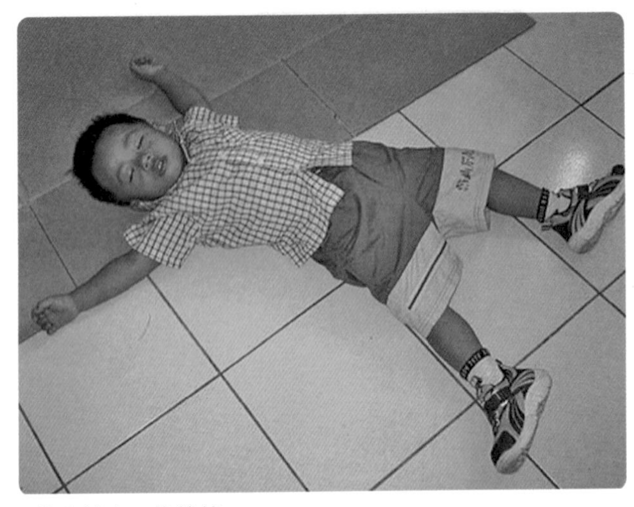

▲能坐就坐、能躺就躺，肌肉張力低。

□ 4. **肌肉張力低**：看起來一副「鬆鬆軟軟」的樣子。

□ 5. **在有相對運動時，搞不清楚是自己在動，還是別人在動**：例如坐在火車上，另一部火車從旁邊經過時，分不清是自己在動還是另一部車在動。

□ 6. **有方向辨識上的困難，總是跑錯方向。**例如叫他往左，他卻可能往右。

如果家中的小寶貝在日常生活中，有1～3個表現符合以上的檢查項目，家長尚不須太過緊張，只要多加注意，並且給予相關刺激，未來幾週內認真觀察小寶貝有沒有慢慢改善即可。

如果小寶貝日常表現符合的項目超過3個，請家長千萬不要等閒視之，應該向專業人士求助，為小寶貝安排進一步的檢查與訓練活動喔！

在任何一種前庭系統表現的檢查表中，如果家中的小寶貝有超過三項表現是符合檢查表的描述，家長可以參考本書第三章有關前庭系統的介紹，以便對孩子的狀況多一點了解，才能給予孩子適當的幫助。

觸覺系統發展不良檢查

觸覺接受器在我們每個人全身上下分布最廣也最多，它讓我們隨時隨地都能接收到從四面八方而來的刺激訊息。敏銳的反應能力可以讓我們即時分辨出危險，或做出精巧的動作。但過度敏感的觸覺反應能力，會讓我們過度放大刺激的程度，甚至連對一般人可以忍受的觸碰都覺得難以接受；反之，觸覺系統反應不良，則會讓小朋友對很多事情反應過於遲鈍。

觸覺系統的發展不良，不只是單純影響一個小朋友的區辨能力（例如用摸的，就分辨出五元銅板與十元銅板的差異），還會嚴重影響他們的情緒與人際互動結果。家長千萬別等閒視之，趕快幫家中的孩子檢查一下，是不是有哪些狀況需要及早協助喔！

在任何一種觸覺系統表現的檢查表中，如果家中的孩子有超過三項以上是符合檢查表的描述，家長可以先參考本書第四章中關於觸覺系統的介紹，增加對孩子情況的了解，適時給予適當的協助，幫助家中的小寶貝及早克服整合不良的問題！

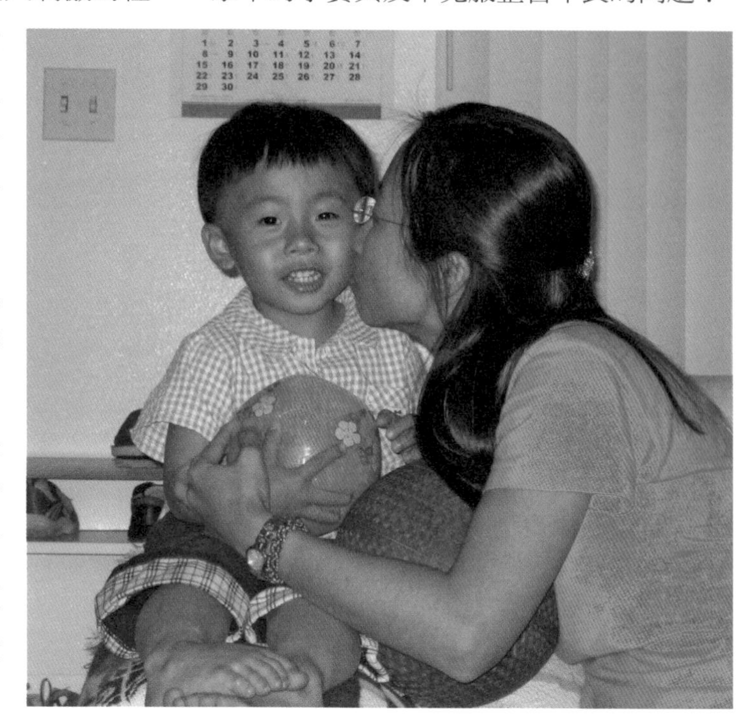

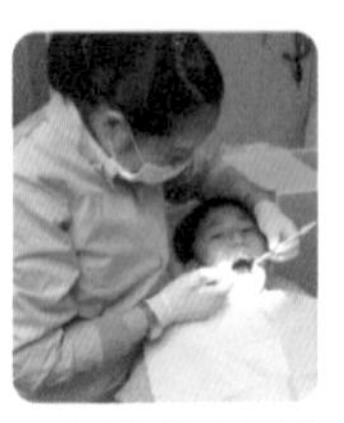

▲對於檢查牙齒的動作，往往非常排斥。

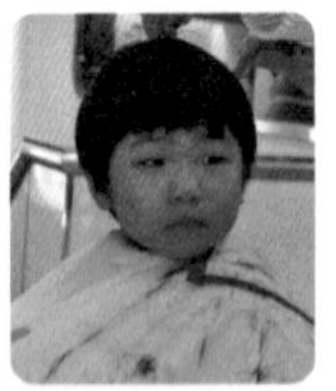

▲剪頭髮時，激烈反抗或大哭。

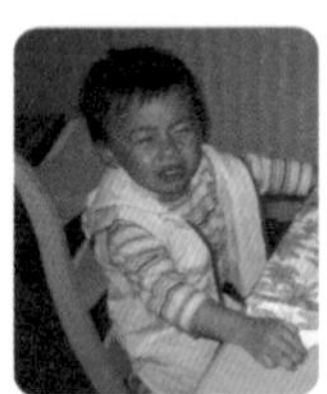

▲有時會莫名的哭泣或生氣。

▲只吃特別食物，對於新口味接受度不高。

表四 常見的 **觸覺過度敏感** 檢查表

□ 1. **不愛洗臉或洗頭**：不喜歡臉或是頭被碰觸，例如洗臉或洗頭。

□ 2. **不愛洗澡**：不喜歡洗澡，或是堅持洗澡水一定要是熱的或是冷的。

□ 3. **不愛穿襪**：光是穿襪子這件事就可以搞得一個頭兩個大。他們總是盡可能把襪子脫掉。有些小朋友會無法忍受襪子的縫線，有些小朋友則無法忍受襪子穿著的時候有點歪掉。

□ 4. **不愛刷牙**：拒絕刷牙，非常討厭看牙醫。

□ 5. **不願赤腳走草地**：不肯赤腳走在草地上、沙土上，或是涉水。

□ 6. **不喜歡剪指甲**：找盡理由逃避剪指甲，每次都哇哇叫甚至大哭。

□ 7. **拒絕梳髮或剪髮**：如果要動到他的頭髮，不是激烈反抗就是大哭。梳頭髮、剪頭髮、洗頭髮，甚至是拍拍他的頭髮也會引起他很大的反應。當他身上的毛髮被翻動的時候，就會引起他不舒服的反應，有時甚至只是一點微風吹動他的毛髮，都會讓他難以忍受。

□ 8. **情緒起伏大**：在高高興興遊戲時，常常會突然生氣，讓人難以應付。

□ 9. **對衣服材質挑剔**：對衣服的材質挑三撿四，不喜歡新衣服、粗糙的花紋、襯衫的領子、套頭衫、毛衣、帽子或圍巾等。

□ 10. **只偏愛長袖或短袖等衣物**：有些小朋友比較喜歡穿短袖短褲，就算是冬天也不愛戴帽子與手套，因為不喜歡衣服接觸到皮膚的感覺。但是有些小朋友卻排斥短袖，堅持要穿長袖長褲，有時甚至堅持要戴帽子或手套，就算是炎熱的夏天，他也要穿長袖，不願讓皮膚曝露在外。

□ 11. **挑剔食物**：

- 挑食——只愛吃特定種類的食物。這樣的孩子可能只侷限吃於某些種類的食物，不願意接受新口味。
- 食物溫度——有些小朋友會拒絕熱食，有些則排斥冷掉的食物。

□ 12. **拒絕親吻**：不喜歡親吻的輕微接觸感覺，認為那很惱人。

☐ 13. **避免接觸特殊紋路或材質**：會避免接觸某些特殊紋路或是材質的表面，比如某些質料的布、毛毯、地毯或是填充的動物玩偶。

☐ 14. **拒絕陌生人的觸碰**：除了父母家人與熟悉的人之外，會拒絕別人善意的拍肩關懷等觸碰到身體的動作。

☐ 15. **討厭看不見的觸碰**：對於有人從後面靠近，或是在視線外的觸碰都會讓他感到不舒服，產生情緒化的反應。

☐ 16. **不喜歡人多的地方**：對於會產生觸碰行為的狀況，會感到不舒服或有情緒化的反應。到了人多要排隊，可能有人會很靠近他的地方時，就會表現出不安的情緒，慌張害怕，甚至十分排斥。

☐ 17. **排斥輕微觸碰**：對於他人不小心輕微的觸碰，也會產生不舒服與情緒化的反應，因而表現出焦慮、敵意與攻擊性。被輕微觸碰到後，他會不斷的抓或是捏那個被觸碰到的地方，以舒緩不舒服的感覺。在他還是個嬰兒的時候，可能就會拒絕擁抱逗弄或安撫的動作。

☐ 18. **錯誤解讀感覺輸入**：對於一般觸碰會解讀錯誤，認為是疼痛的感覺，例如當雨滴打在身上，他們會形容像被一根一根的刺刺中一般；輕輕拍他一下，他會形容成很痛的感覺。

☐ 19. **不喜歡會弄髒的遊戲**：不喜歡髒髒的感覺，因此排斥如玩沙、手指畫、黏貼、塗膠、泥巴還有黏土等遊戲，而且異常的吹毛求疵，就算只有沾到一點點土也要立刻洗掉。

☐ 20. **疼痛反應過度**：對於身體上的疼痛經驗反應過度，即便是一點小刮傷也會大驚小怪。可能會連續幾天，都喋喋不休的反覆敘述同一個受傷的經驗。

☐ 21. **踮腳尖走**：常可以看到他踮著腳尖走路，以減少跟地面接觸的機會。

如果家中的小寶貝在日常生活中，有1～3個表現符合以上的檢查項目，家長尚不須太過緊張，只要多加注意，並且給予相關刺激，未來幾週內認真觀察小寶貝有沒有慢慢改善即可。

如果小寶貝日常表現符合的項目超過3個，請家長千萬不要等閒視之，應該向專業人士求助，為小寶貝安排進一步的檢查與訓練活動喔！

表五 常見的 **觸覺反應能力不足** 檢查表

☐ 1. **反應遲鈍**：除非是很強烈的刺激，否則好像對觸碰沒什麼反應。

☐ 2. **對髒沒有反應**：對於臉上髒髒的沒什麼感覺，甚至是在嘴巴或鼻子四周，因此他通常不會在意自己嘴巴髒了或是流鼻水了。

☐ 3. **對於疼痛沒有反應**：對於刮傷、挫傷、被切割到或是被射擊到所引起的疼痛，似乎沒什麼反應。

☐ 4. **感受不到別人痛苦**：在遊戲的時候，常撞到其他小孩或是寵物，但看起來一點歉意都沒有，因為他根本感受不到別人（或小動物）的痛苦。

☐ 5. **丟三落四**：因為觸覺系統感應不良，東西忘了拿他也不會有什麼感覺，所以老是丟三落四。

▲除非是很強烈的刺激，否則好像對觸碰沒什麼反應。

如果家中的小寶貝在日常生活中，有1～3個表現符合以上的檢查項目，家長尚不須太過緊張，只要多加注意，並且給予相關刺激，未來幾週內認真觀察小寶貝有沒有慢慢改善即可。

如果小寶貝日常表現符合的項目超過3個，請家長千萬不要等閒視之，應該向專業人士求助，為小寶貝安排進一步的檢查與訓練活動喔！

表六 常見的 **觸覺區辨能力不良** 檢查表

- □ 1. **用雙手操作的能力很弱：**不太會靈巧的運用雙手摸東西，對他而言，雙手就像是不太熟悉的兩個附屬品一樣。
- □ 2. **會盡量避免觸覺經驗：**不喜歡對於別人而言有興趣的觸覺經驗。例如和其他小朋友比賽撿積木。
- □ 3. **辨識物品的外在屬性有困難：**對於東西的外在屬性、外觀、形狀、尺寸大小、密度等等有辨識上的困難。如無法從口袋中正確的摸出十元或五元的銅板。
- □ 4. **抓握與使用工具有困難：**例如不太會使用剪刀、叉子，也不太會握筆。
- □ 5. **衣服穿得亂七八糟，鞋帶總是沒綁好或是皮帶扭曲。**
- □ 6. **日常動作怪異：**例如用很怪異的方式穿戴手套或襪子。
- □ 7. **怕黑：**晚上必須開著燈才能入睡，進入暗室或是光線不足的地方會異常恐懼。

如果家中的小寶貝在日常生活中，有1～3個表現符合以上的檢查項目，家長尚不須太過緊張，只要多加注意，並且給予相關刺激，未來幾週內認真觀察小寶貝有沒有慢慢改善即何。

如果小寶貝日常表現符合的項目超過3個，請家長千萬不要等閒視之，應該向專業人士求助，為小寶貝安排進一步的檢查與訓練活動喔！

醫生的小叮嚀

通常觸覺區辨能力不良的孩子會使用眼睛輸入的「視覺訊息」來幫忙。因此在活動中，他們通常選擇「站著」，以方便自己的視覺能夠良好的掌控周遭環境。如果沒有視覺訊息的協助，這些孩子無法藉由單純觸覺來辨識出身上到底是哪個部位被觸碰了，或辨識出熟悉的物品，因此在某些日常生活的動作操作上顯得很笨拙。例如如果不用眼睛幫忙看，就沒辦法指出身體的哪個位置被觸碰到，舉凡拉拉鍊、扣鈕釦、打開鈕釦、綁鞋帶、調整身上的衣服等動作，都沒有辦法做得很好。

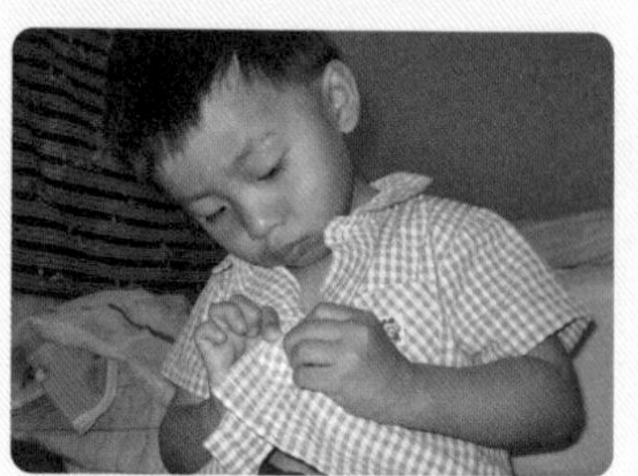

▲對於觸覺區辨能力不良的孩子而言，扣鈕釦等動作，對他們來說都有難度。

Check 3 本體覺系統發展不良檢查

本體覺和孩子未來學習走路、騎車、跳繩、打球等需要動作協調能力的活動很有關係！

家長趕快根據下列的檢查表，來看看孩子在這方面的能力有沒有出現不良的徵兆喔！

表七 常見的 身體概念不良 檢查表

☐ 1. **做事的效率不好：**動作慢吞吞，而且常常都是做得亂七八糟沒法完成。

☐ 2. **肌肉張力不好：**看起來很虛弱，走起路來搖搖晃晃。

☐ 3. **活像個意外專家：**老是出一些小意外，比如吃早餐時常常不小心撞倒牛奶，灑得到處都是。

☐ 4. **老是為了一點小碰撞抱怨連連：**似乎比別人家的孩子更容易發生擦傷、撞傷、被割到等狀況。偶爾更是會製造出一些嚇壞家長的大意外，例如從高處掉下來、騎車摔得人仰馬翻，滿身都是傷痕等。

如果家中的孩子在日常生活中，有1～2個表現符合以上的檢查項目，家長尚不需要太過緊張，只需多加注意，並且給予相關刺激，未來幾週認真觀察孩子有沒有日漸改善便可。

如果孩子日常表現符合的項目超過2個，請家長千萬不要等閒視之，應該向專業人士求助，為小寶貝安排進一步的檢查與訓練活動！

▲肌肉張力良好

▲肌肉張力不良

表八 常見的 **動作計畫能力不良** 檢查表

□ 1. **常摔跤**：摔跤、跌倒的次數明顯比同齡的孩子多。

□ 2. **要想像、組織還有操作出一連串身體動作的活動有困難**：例如騎腳踏車或盪鞦韆。要把新經驗操作得跟熟悉的活動一樣好需要比他人加倍努力。

□ 3. **自助的能力很差**：沒辦法由自己主動開始做事，需要其他人的協助才能進入狀況。

□ 4. **粗動作的操作能力很差**：例如：跑步、攀爬與跳躍等。

□ 5. **精細動作控制能力不佳**：例如用手指做精細的工作、用腳趾夾住拖鞋、用嘴咀嚼或說話的表現都比同齡小朋友差。

□ 6. **吃東西的時候會搞得到處都是。**

□ 7. **手眼協調的能力很弱**：例如明明看見球飛過來卻接不到球，而且預估接球的地方跟實際落球點還有明顯的落差。

如果家中的孩子在日常生活中，有1～3個表現符合以上的檢查項目，家長尚不需要太過緊張，只需多加注意，並且給予相關刺激，未來幾週認真觀察孩子有沒有日漸改善便可。

如果孩子日常表現符合的項目超過3個，請家長千萬不要等閒視之，應該向專業人士求助，為小寶貝安排進一步的檢查與訓練活動！

▲觀察孩子攀爬、跑步等粗動作的操作能力，可了解他們的本體覺發展狀況。

Chapter

2 認識感覺統合

感覺神經的輸入
或整合過程不良的小朋友，
因為對輸入的訊息解讀錯誤，
而無法設計出正確的行為
來因應環境的變化，
因而受傷的機率
遠比其他正常的孩子高很多。

在做完前面所列出的各項檢測之後，相信家長們對於小寶貝在感覺神經整合的表現已經有了初步的認識，也多少觀察出平常沒有注意到、而孩子在日常生活中已經出現的感覺統合問題。然而，到底什麼是「感覺統合」呢？

我們每個人的身上都有各式各樣的感覺接受器，負責接收外界的訊息，以便立即將周遭環境的資訊輸入到我們的腦部。腦部會再將接收到的訊息分析與整理，最後再發號司令決定當下該做何種反應才是最適當。這整個過程就是所謂的「感覺統合」。

我們每天都要藉由各種感覺器官（例如：視、聽、嗅、味、觸等）接收外界大量的訊息，以便幫助我們對周邊環境發生的人、事、物做出正確的反應。整個歷程就像我們在操作電腦一樣，得要將鍵盤、麥克風或掃描機等器材，確實連結到主機，才有辦法將資料輸入到主機裡，主機也必須處於正常功能狀態中，並且正確連結到輸出的系統，才有辦法讓指令完整的被執行，例如：列表機才能夠列印、機械手臂才能夠靈活動作、音箱才會發出聲音……等等。

如果用來輸入訊息的器材發生錯誤，和主機之間連結的電線沒插好，主機處理資料的標準值有誤差，或是和輸出工具的連結沒做好……，那麼，你要電腦執行的指令，一定無法順利的被執行。就像我們常

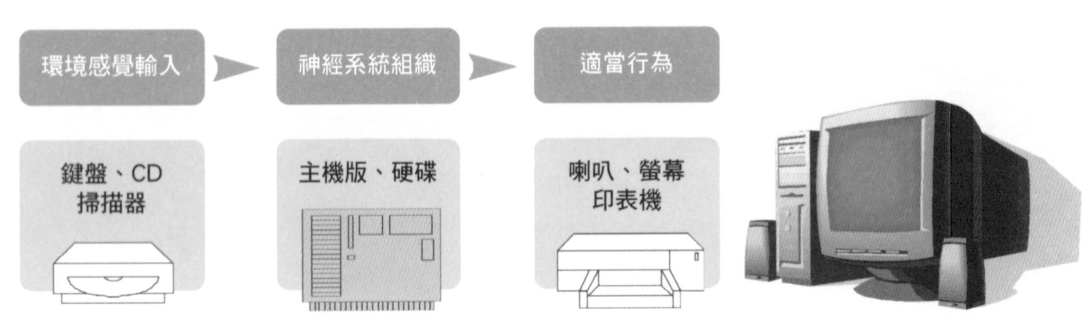

看到，明明是健康聰明的小朋友，也乖乖的坐在教室裡，可是老師所講的內容他總是「有聽沒有到」，當然沒辦法正確的把老師要他做的事做好。

很多感覺統合不良的孩子，問題是出在環境訊息的接收或判讀不良，就好像在作戰的時候，指揮官一直收到不正確的前線情報，因此就算他有過人的智慧與作戰技巧，他也會設計出錯誤的戰略，當然會因此屢吃敗仗。

感覺神經的輸入或整合過程不良的小朋友，也因為對輸入的訊息解讀錯誤，而無法設計出正確的行為來因應環境的變化。例如：有些孩子因為對視覺輸入的距離判斷錯誤，經常碰撞到桌椅或跌倒，因為聽不清身旁汽車靠近的聲音，於是闖進馬路被車子撞到，從小到大受傷的機率遠比其他正常的孩子高很多。

一個孩子是否能與周遭的世界互動良好，感覺神經的發展扮演很關鍵的角色。除了一般生活中，我們最常意識到的感覺神經如視覺、聽覺、味覺、嗅覺等等之外，我們還有一些重要的感覺系統是在外觀上看不到的，例如前庭覺、觸覺以及本體覺等，而它們更是生存所必需的。這些不同的感覺神經系統從出生後（甚至有些是在出生前）就不斷的交互比對訊息、彼此相互連結，最後發展出正確互相運用的功能，就是我們所謂的「感覺統合發展正常」。

例如：我們「看到」或「聞到」鳳梨的時候，雖然還沒有吃到嘴裡，嘴巴已經有「酸酸的感覺」了，這就是視覺或嗅覺與味覺經驗整合的結果。又譬如，我們聽到媽媽的聲音，腦中會浮現媽媽的影像，就是聽覺和視覺經驗的整合。換句話說，我們在聽到媽媽的聲音時，腦中出現的影像就不應該是隔壁的阿姨啦！

總和來說，感覺統合就是我們在日常生活中整合應用各種感官知覺的一種正常的神經歷程。我們運用這些感官知覺來求生、學習，並且讓各種身體功能順暢的發揮。**在正常的情況下，我們的腦部會經由身體接收來自周圍環境的各種感官訊息，並將這些訊息加以詮釋理解，然後做出適當的反應。**

就像我們在爬樓梯時，腦部感覺到身體正在向上並向前移動，同時也感覺到身體在左右晃動，此時腦部除了會指揮身體適當的收縮與伸展腿部的肌肉，讓兩隻腳協調的交替運動，同時也讓我們的手在扶手上順利的滑動，最後讓眼睛穩定的看著我們要前進的方向，平穩安全的一步一步往上走，這些動作都是身體自然而然就會「自動執行」的反應，一般而言我們不會特別察覺到其實身體無時無刻都在努力做一些複雜的動作調整，以使身體處於平衡、安全的狀態。

正如前面所提到的，除了大部份的人都說得出來的各種感官知覺：視覺、聽覺、嗅覺與味覺之外，我們還有其它幾種感覺系統，是維持生命不可或缺的，家長要了解一下喔！

▲其實身體無時無刻都在努力做一些複雜的動作調整，以使身體處於平衡、安全的狀態。

最基礎的三大感覺系統

前庭覺——讓身體保持平衡

所謂的前庭覺是指藉由位於內耳的前庭神經接受器，提供身體「重力」與「空間」的感覺訊息，以便讓我們的身體不管是不是在移動中，還是能保持在平衡的狀態。經由前庭系統，我們清楚知道身體各部位的位置、動作，還有自己與地心引力之間的相對關係（例如我們可以清楚的區分出正躺與趴著時，身體與地表的相關位置是不同的）。

當我們處於移動的狀態時，前庭覺更是不斷的將相關移動的訊息傳回腦部，提供腦部足夠的訊息，以便調整身體，使其維持在一個平穩的狀態，例如就算矇上眼睛，我們也可以清楚的知道自己坐著的車子是正在加速還是煞車，是前進還是後退，而腦部也會迅速的調整身體，讓我們的身體即使處在不斷轉變速度的車子中，也可以保持在一個最好的平穩狀態。

◀ 經由前庭系統，我們清楚知道身體各部位的位置、動作，還有自己與地心引力之間的相對關係

觸覺——判斷外界刺激是否有害

主要是經由全身從頭到腳，無數皮膚底下的各種感覺接受器，將周遭環境中物體的材質、形狀、體積大小、溫度等等訊息輸入。唯有觸覺系統運作正常，我們才能清楚知道我們正在摸的東西是方的、圓的、軟的、硬的、熱的還是冷的。藉由這些觸覺的訊息，我們也才能感覺到是什麼東西正在觸摸我，甚至更進一步判斷，這個觸摸的動作是友善的，還是惡意的。也就是說，觸覺提供給身體的訊息，除了幫助我們分辨「主動」接觸到的物品，也能幫助我們感受「被動」接收到的外來刺激，因此讓我們可以快速分辨哪些東西對我們的身體是無害的、可以接受的，而哪些是具有威脅性、該逃開的。

▲觸覺發展不良的孩子，喜歡到處亂咬東西。

以上提到的幾個重要的感覺神經系統，最早從胎兒還在媽媽的肚子裡，就陸陸續續開始發展了！這些隱形的感覺神經系統會和稍後才發展出來的視覺、聽覺、嗅覺與味覺互相影響、比對後，進一步加以統合。唯有這些感覺系統相互整合良好，正常運作，我們的自我控制、自信、動作能

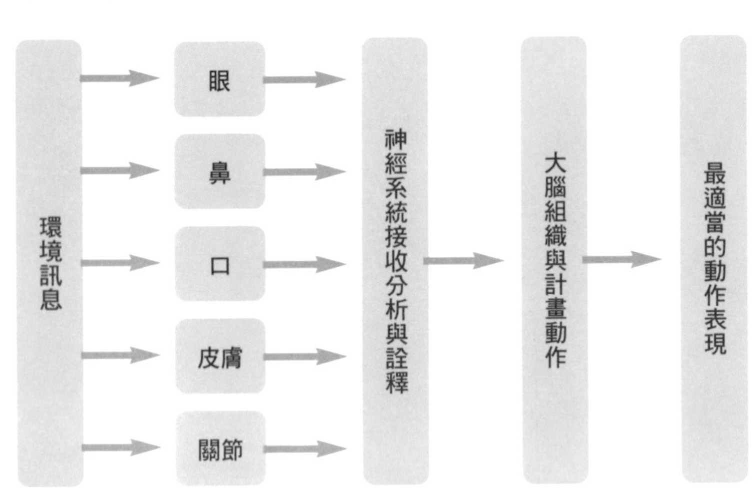

力、注意力以及更高階的認知功能，才能順利發展。

也就是說，我們的腦部必須有足夠的能力，正確組織從四面八方傳進來的訊息，才能讓我們在每天不斷發生的各種狀況中，維持全身的功能運作良好，進退得宜。進一步更能將各種場合，如學校、家裡、遊樂場，社交場合活動中的所見所聞整合成為自己的「經驗」，以便做為未來反應的參考，例如：孩子上課時離開座位，經由老師告知不應該擅自離開座位後，下次想離開座位時，孩子就會將之前的經驗併入這次行為的參考，因此會決定讓自己不離開座位，但缺乏這種將經驗併入整合的小朋友，還是會持續做出離開座位的行為。

當我們開始逐一探討各種感官知覺的時候，很難不訝異於一個人的腦子居然可以「同時」組織這麼多感官所傳進來的大量感覺訊息。不但如此，大腦還能立即針對環境的需求，指揮身體做出最適合當時狀況的反應（一般稱為適切的反應）。我們不妨試著把生活中的單一事件拆解開來看看，當一個小孩被大人要求做出「穿上鞋子」這個簡單的動作時，他的腦部事實上必須快速的執行至少以下一連串的步驟：

將注意力集中在說話者的身上→聽清楚並理解他在說什麼→大致檢視身邊的其他訊息→看著鞋子→接收自己的肌肉與關節位置的訊息→下指令指揮手、腳及身體的肌肉關節互相合作，執行穿鞋的動作→啟動敏感的觸覺系統，感覺一下鞋子是否有穿好……

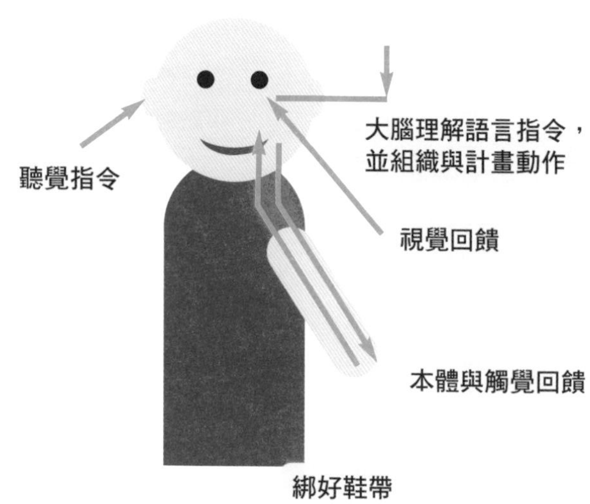

是不是很複雜呢？

事實上，我們的中樞神經系統，每分每秒都不斷的在將輸入之感覺訊息做集中、檢視、分類、整合的工作。當然，這些繁複的動作最重要的目的，就是為了能夠讓我們的身體針對當時環境中的人、事、物等等訊息做出正確（適切）的反應，而不會發生類似明明還在上課中，想到開心的事，就自顧自大笑了起來；或是一看到熟人在馬路對面，不管路上有沒有車，就直接衝了過去……等等不適合，甚至是危險的舉動。再強調一次：這種能夠將同時間內各式各樣的感覺訊息整合並運用的能力就是所謂的「感覺統合」。

「感覺統合」並不單純是一個「有」或「沒有」的問題。有些人的感覺統合能力的確非常優異，反應能力比別人快上許多；有些人只是普通，生活中大多數的事件都能自行處理與判斷，只是偶爾會有點小狀況；而某些人則做得不夠理想，對一般人而言很簡單的事，對他來說卻總是抓不到訣竅而搞得一團糟。對於快樂的、操作能力強的、協調能力良好、生活適應力強的人而言，他們的感覺統合能力可能接近完美。反之，如果腦部對於感官知覺的統整能力不佳，就很有可能會造成許多生活上的障礙。例如：走在平地上也很容易被絆倒；看書總是跳行、漏字；常常把四周的東西搞得一團糟，甚至有些孩子會發生學習遲緩或行為上的問題。

■ 本體覺

透過許多位於「關節」、「肌肉」與「韌帶」的感覺接受器來輸入感官訊息，好讓我們清楚知道身體的各個部位的位置，正確掌握身體正在做些什麼動作，例如：即使是閉上雙眼，我們也能清楚知道自己的雙手是不是往前伸，頭是直立著還是歪著的。本體覺發展不良的孩子，做起事來總是笨手笨腳，走路也常常撞到東西或是人，因此常常導致自我信心不足！

是不是「感覺統合不良」？

跟一般感覺統合正常運作的人相反，**當一個人的腦部沒有辦法有效地把「從自己身體」與「從環境中」接收到的種種感覺訊息做有效的整合時，就會發生感覺統合不良的情形**。感覺統合不良的小朋友往往無法針對當時環境做出正確的行為，特別是那些對大部分的人而言，不需要特別去注意就能做到的「自動反應」，感覺統合不良的人，就常常做不出正確的反應。

例如：大部份小朋友坐著的時候，腦部都會自動調節，於是背部的肌肉能夠做到足夠的收縮，因此根本不需要特別提醒，就可以有良好的坐姿，這是一種不需要經由主動思考就可以自動執行的反射。反觀很多感覺統合不良的小朋友，從小就常出現彎腰駝背的狀況，日常生活中，一定是有欄杆就倚欄杆、有牆就靠牆。經由提醒，這些孩子還是可以「暫時」經由主動思考提醒自己挺直背部，但如果一忙別的事就又恢復彎腰駝背的樣子。

感覺統合不良的小朋友通常在觸覺、前庭覺、本體覺、視覺、聽覺、嗅覺、味覺等方面，或多或少都有不適當的反應。但感覺統合不良在不同人的身上的表現並不盡相同，甚至在同一個人身上，也會隨著每個人每天的疲勞程度、情緒壓力、甚至是饑餓狀態等因素，隨時在改變。有時候感覺統合不良也可能伴隨其它的病症同時出現，例如注意力缺乏症（ADD）、注意力不足過動症（ADHD）、自閉症、腦性麻痺、唐氏症、胎兒酒精症候群、普遍性發展遲緩以及其他各式各樣的問題。

既然感覺統合不良在不同人身上表現都不一樣，那麼家長該如何判斷自己的小寶貝到底有沒有感覺統合的問題呢？

其實要發覺感覺統合不良並不困難，但是家長需要認真觀察孩子在日常生活中對於環境刺激的反應情形。當您發現孩子會排斥一般正常感覺刺激（例如洗臉、撫摸、穿衣服），會主動追求一些激烈的刺激（例如生氣時，把頭往後撞或用力把屁股坐到地上）、身體操作不協調、行為上讓人覺得不好相處、特別怕高、常常跟周遭的人、事、物都顯得格格不入的時候，他很可能就是我們所謂感覺統合不良的孩子。

▲以拍球來說，感覺統合良好的孩子（上），能看到球、掌握球彈跳的節奏、正確施力、連續拍球一、二十分鐘不中斷，而感覺統合不良的孩子（下），則可能手忙腳亂，或被彈起來的球打到。

感覺統合不良的孩子跟一般正常的孩子一樣，會在日常生活中接觸到各種感官知覺刺激。例如，他同樣能夠透過衣服碰觸皮膚感覺到觸覺訊息，也同樣能夠藉由玩遊樂場的鞦韆感受到動作知覺與前庭刺激，他聽得到小狗的叫聲，聞得到各種味道，會嚼食物，知道酸甜苦辣，也可以看到其他人在他的面前走來走去；可是他卻無法和其他人一樣，有效的把這些訊息整合在一起，甚至是應用到別的事情上去。例如，他會吃飯，但是常常沒發現吃進嘴裡的食物太大塊，因此三不五時噎到；或是他雖然看得到球往自己飛來，卻老是沒辦法躲開，因此常常被球打中。

對於別人認為不重要的刺激，他也可能因為無法正確解讀，因而做出「過度」激烈的反應。例如，他可能會因為衣服領子處的標籤磨擦到皮膚，產生不舒服的感覺，而大發脾氣，甚至遷怒周遭的家人與朋友。於是這些孩子的家長經常覺得，他們的孩子老是做一些跟一般小朋友不太一樣的行為。

這些孩子也會因為不同的感覺系統不良而有不同的表現。有些感覺統合不良的孩子稍微盪幾下鞦韆，就覺得頭昏眼花甚至想吐；有些則是堅持要在鞦韆上盪一百分鐘、一萬分鐘，說什麼都不肯下來。有的小朋友只要小狗對他叫兩聲，他就會嚇得不知所措；有些則不管狗狗叫得多麼大聲，多麼想撲到他身上，孩子就是沒有注意到狗狗的存在。有些孩子可能光聞到某些食物的味道或是看到某種食物就覺得噁心想吐，但也有些可能什麼都要吃，不管能不能吃，通通往嘴裡塞。有的孩子可能只要一點亮光的刺激就會讓他嚇一大跳；而有的則完全不會注意到紅綠燈或疾駛而來的汽車，就冒冒失失的衝過馬路。

感覺統合不良的狀況各式各樣，沒有兩個感覺統合不良的孩子會表現得一模一樣，但他們都有一個共同的特徵是「對於環境中的刺激訊息反應和大多數人的反應不一樣，可能是特別的敏感或是特別的不敏感」。

▲大班的小朋友通常不需要特別訓練，就應該會做出「自己盪鞦韆」的動作。

Check 3 到底是哪裡出了問題？

為什麼孩子會出現感覺統合不良的狀況呢？

我們可以這麼說：在我們每一天面對生活中的大小事件時，感覺神經接收或傳遞訊息的效能不佳、調整訊息的能力不穩、區辨訊息的功能不良，還有各個感覺訊息輸入後互相整合的效果不好，都有可能導致孩子無法正確統合，而任何會造成以上提到的感覺神經輸入及整合路徑不穩定的因素，都有可能是造成小朋友感覺統合不良的原因，包括媽媽懷孕期間臥床太久、先天性缺失、甚至出生後的環境刺激不足、過度保護等。

1. 感覺神經訊息接收及傳遞效能不佳

這類型的小朋友對不熟悉的動作或環境有訊息接收或傳遞上的困難，所以無法正確組織訊息並指揮身體做出完整順暢的動作。舉例來說，正常小朋友在大班的時

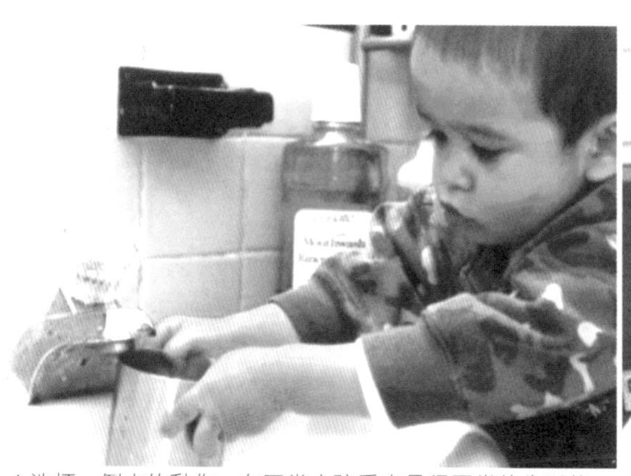
▲洗杯、倒水的動作，在正常小孩看來是很平常的生活能力，對感覺統合不良的孩子而言卻要花一番力氣才能學會。

▲收拾玩具的動作對有問題的孩子而言，真的很困難。

候，通常不需要特別訓練，只要讓他上鞦韆試著動一下，很快就可以做出「自己盪鞦韆」的動作。而因感覺神經訊息接收或傳遞不佳而導致運動能力運用不良的孩子，就無法在不曾接受訓練的狀態下，順利的將鞦韆盪起來。這一類型小朋友的家長會發現他們需要將盪鞦韆的步驟拆解開來，一步一步慢慢教，孩子才有辦法將鞦韆盪起來。

感覺訊息接收或傳遞不良的小朋友，通常同時也會有接下來我們馬上要討論到的「訊息調整不當」或「區辨能力不良」的問題。這些小朋友要執行任何不熟悉的操作都是很困難的，甚至有些已經做過很多次的事，都還要一再地將步驟拆解開來，一點一點的做完。他們可能連一般盪鞦韆、跳繩、穿衣服、梳頭髮、倒水、上下樓梯等簡單的事都做不順；削鉛筆、用釘書機把紙釘起來，把文件收進資料夾等文書動作對他而言可能真的很難；綁鞋帶、踢球、跳躍、做簡單的家事等，這些別人看來很平常的生活能力，對他來說卻得花一番力氣。在努力要趕上別人的過程中，很可能會讓他變得一點自信也沒有，更不要說在日常操作中找到樂趣了。

2. 感覺訊息調整不良

感覺訊息在輸入的過程中就被錯誤解讀，對輸入身體的感覺訊息有可能會「過度反應」或是「反應遲鈍」，也就是說，有這樣問題的孩子在一開始接收訊息時，就已經是不準確的了。家長要記得，這些生理上的反應機制，都是在下意識中就會「自動執行」的，並不是經由主動意識主導的反應，所以孩子不是故意和你唱反調，要知道當一個孩子的感覺統合不正確的時候，他的因應方式也不可能是正確的。

雖然以目前的科技，我們還沒辦法藉由儀器精確的看到孩子內在神經運作過程，但是我們可以很輕易的從他的日常表現看出一點端倪。這些小孩子在一般生活發生的小事上，反應常令人出乎意料，衝突發生的頻率很高，家長常常因此感到十分困擾與無奈。

感覺訊息調整不良又可以分為「過度敏感」與「過度遲鈍」兩種不同的狀況：

(1) 過度敏感

這類型的孩子會對感覺刺激過度反應，甚至對某些刺激產生「感覺防禦」。例如：一般關門聲對他來說太大聲，在餐廳裡別桌客人正常的談話聲他覺得太吵，大家都認為美麗的霓虹燈對他來說太刺眼，正常的手扶梯移動速度對他而言已經太快，大家不會覺得困擾的衣領處的標籤讓他覺得難以忍受……等等。當正常的小朋友在享受日常生活中遊戲帶給他們的樂趣時，這些小朋友不是很生氣的排斥正常刺激，就是滿臉的恐懼警戒，甚至還有一部分的孩子會看起來很消極冷漠。

◀ 衣領處的標籤，過度敏感的孩子會覺得難以忍受。

(2) 過度遲鈍

這類型的孩子則是對某些刺激沒什麼反應。他們可能可以在鞦韆上玩很久都不覺得累，也不會頭暈，周圍的環境非常吵雜他也沒有什麼感覺。這些孩子會不由自主的就去尋求強烈的刺激活動，例如：不停的旋轉、跳躍、扭動身體。在沒有從事動態活動時，他們很容易就看起來昏昏沉沉，一副很難清醒過來的樣子，對外界刺激的反應很差。

(3) 同時有過度敏感與遲鈍的問題

這些孩子的某些感覺系統過度反應，但其它系統卻有過度遲鈍的問題。例如：小朋友可能會在尋求激烈的本體覺與前庭覺刺激的同時，卻對光或是一些輕微觸碰的刺激過度敏感而排斥。

3. 感覺區辨能力不良

當孩子無法清楚、快速的分辨各種不同的刺激的「異同」時，就會導致感覺統合發生困難。他的神經系統沒有辦法準確的分辨各種不同的感覺訊息，因此他無法在每天的日常生活中，將所接受到的刺激訊號「正確的」整合應用到其它的事情上。

例如，如果不用眼睛看，他們可能無法分辨口袋裡的東西，到底是一顆鈕釦還是一枚銅板。他們也常常搞不清楚人行道跟馬路的落差有多高、自己講話的聲音有多大、嘴裡塞多少東西是適當的，所以他們常會動不動就跌倒扭傷、講話不是太大聲就是太小聲，甚至常常在吃飯的時候噎到或嗆到。

對大多數正常的孩子而言，這些判斷都可以不假思索就完成，但對於感覺區辨能力不良的孩子而言，他們就是沒辦法好好的做到。這類小朋友特別容易錯判事情的重要性，很難像其他的孩子一樣，從生活操作的經驗中學得保護自己的方法或與他人互動良好的訣竅。

▲感覺區辨能力良好，才能適當地在口中放入適量的食物，而不致於噎到或嗆到。

醫生的小叮嚀

家長不要常常責備小朋友「為什麼不小心？為什麼沒做好？」空洞的批評不如改為實質的指導，例如：可以在孩子走路時，給予口語上的提醒：小心左邊有車、轉角有樓梯、那裡比較高、這裡會滑、走慢一點等等，才能幫助感覺統合不良的孩子及時注意將發生的危險。

感覺統合正常和感覺統合不良的比較

我們在前面的文章中曾提過，「感覺統合」是指人類藉由各種感覺接受器把環境中的訊息輸入腦部，然後加以分析、比對、整合，以便腦部做出適合當時環境的反應決策能力。每個人的「統合」能力不同，對同一個環境輸入訊息的解讀也不同，當然就會做出不同的反應。

再一次強調，感覺訊息的整合，是成效「好」與「不好」的差別，而不是「有」與「沒有」的差異。沒有人能夠擁有絕對完美的感覺統合能力，當然也不會有人完全沒有這些能力。孩子的感覺如果足以應付「日常生活」和「學業學習」所需，家長就不用太擔心了。但如果孩子的感覺神經統合成效不彰，以致於時常情緒不佳、逃避活動、甚至影響注意力、干擾學習，家長就不能輕忽這個問題了！

至於感覺統合「正常」與「不良」的比較，我們可以大略從幾個不同的角度來判斷：

1. 從感覺統合的定義來看

正常：感覺統合是一種從環境與自體吸收訊息，然後能夠把這些聲音、觸碰、影像、身體的平衡感以及動作組織起來，成為我們日常生活可以應用的訊息的能力。

不良：在處理基本的感覺訊息時效率不佳，甚至根本就是以錯誤的方式操作，以致於整合出來的訊息不適合當時的情境，因此在學習與成長的過程中無法與環境和他人有良好的互動。

2. 從感覺統合的執行來看

正常：當一個人從皮膚、眼睛、鼻子、舌頭、內耳、肌肉與關節等等部位接收到感覺訊號時，腦部會「自動」執行各個感覺神經的整合，對環境刺激做出合理正確的反應。

不良：感覺訊息沒有被有效或正確的處理。在正常的刺激量下，他可能反應過度或不足，因此做出不合理的舉動。

3. 從感覺統合的發展來看

正常：一個人身上的各種感覺系統，最早的從出生「之前」就開始成長，一直發展到整個童年期，然後在青春期把大部分的功能都建立完備。在一般正常的哺育環境中，感覺統合的能力就能夠很自然的被發展出來。

不良：從出生前接收感覺輸入訊號品質不良，或是整個童年與青春期受到過度的保護，以至於沒有從事足夠幫助感覺統合發展的活動，皆可能導致感覺統合不良。

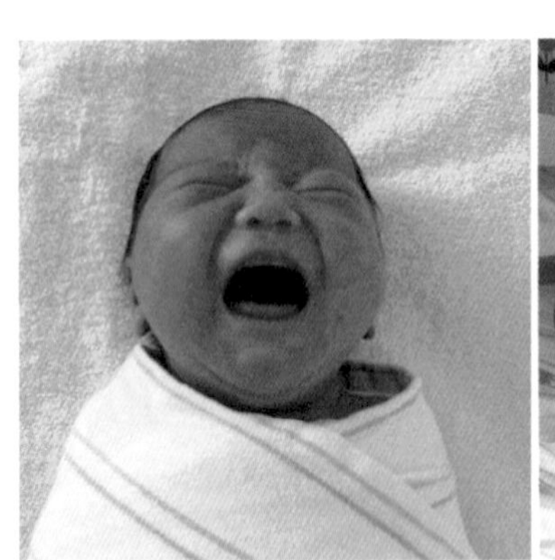

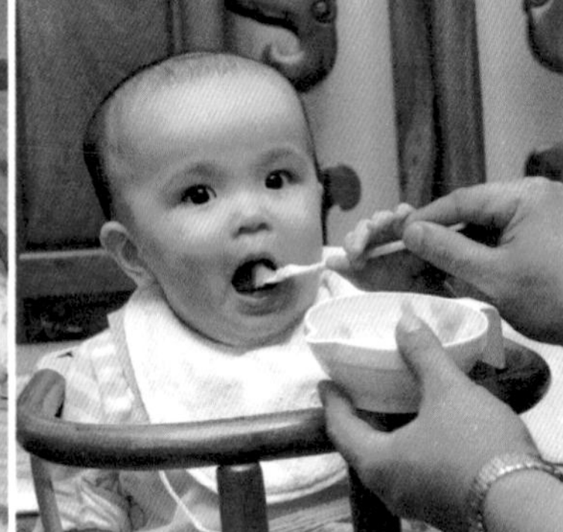

4. 從感覺統合對人類的重要性來看

正常：感覺神經能順利地統合，可以說是人類決定自己行為動作的一個「地基」。從最基本的生存反射（碰到危險要逃開），到如何了解這個世界、如何與環境互動，以及如何與他人相處等等能力，都需要良好的感覺統合能力才能完成。

不良：效能不彰的感覺統合能力，會讓個體無法在與環境互動的過程中，做出適當的反應，導致一個人無法因應環境的需求做出適切的行為，加重了在社交與求生過程中的困難。

check 5 感覺統合不良的表現

感覺統合不良通常不像其他病變一樣容易被發現。大部分的家長都是在生了兩三個孩子以後，有了比較的對象，或是比較自己的小朋友與同儕的表現之後，才察覺到孩子的行為有點奇怪，但要認真說出怪在哪裡，往往又說不出個所以然來。

其實感覺統合不良在不同的孩子身上，會表現出不一樣的症狀。有些具有感覺統合問題的嬰兒，的確在很小的時候就跟別人家的小寶貝不太一樣：他可能不像其他同齡的寶寶可以在三至四個月時學會左右翻身、六至七個月時，可以有模有樣的在遊戲床裡坐好、八個月時則開始爬行，然後在一歲左右站起來，甚至跨出生命中的第一步，他們通常都會比正常慢一點。這樣的小寶貝接下來可能到了小學二年級，都還學不會自己綁鞋帶，或是只要拆掉輔助輪，就不會騎腳踏車。但是其他一樣有感覺統合問題的嬰兒，可能在早期的發展上看起來很正常，只是後來才出現問題：他們可能在動作上不流暢、或慢了些，跑步的動作可能有點笨拙，動起來手腳不靈活，常跌跤或被絆倒。

事實上不論孩子是哪一種感覺統合不良的問題，都可從日常生活中觀察出一些徵

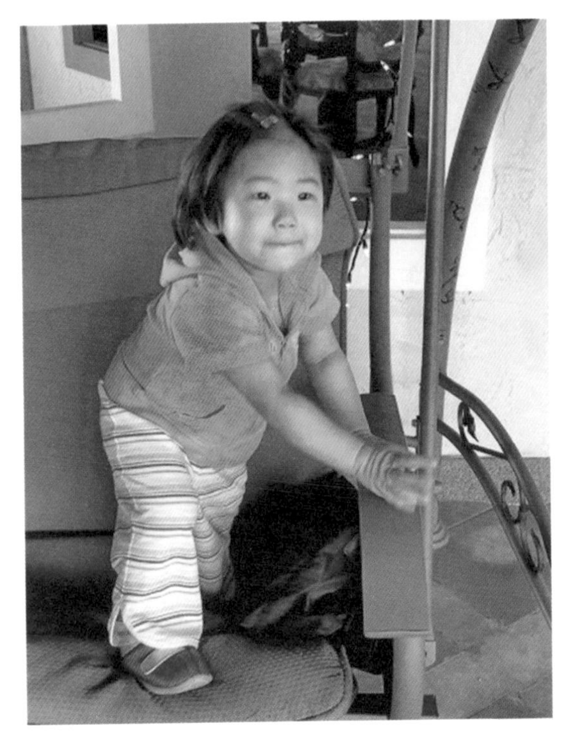

兆。以下我們要介紹一些感覺統合不良的常見表現，供家長們參考。雖然孩子在早期有這些狀況，並不代表他一定就是感覺統合不良，但是家長應該要多加注意，必要的時候應該要多給予刺激，以免小小的問題在日後衍生出大大的麻煩。

醫生的小叮嚀

家長不要總是接受「孩子年紀小，過一陣子長大就會好」的安慰。適時給予孩子需要的支援，才能幫助他們未來有快樂的、自主的人生喔！

1.家庭日常生活

孩子是從日常生活的操作中得到各種感覺系統的刺激，隨即將刺激訊號的整合結果表現在日常生活中。所以家長可以從孩子的日常生活表現中觀察到孩子的感覺統合能力是不是運作正常。

(1) 從小就好動

・**換尿布時：**當媽媽伸手去拿尿布的時候，小寶寶總是不能乖乖躺好，媽媽才一轉頭，他已經翻身到旁邊玩了起來，所以媽媽通常會因此練出一手快速包尿布的好功夫。其實一般正常小孩在幾個月大的時候，會在每天不斷重覆的操作中，經由經驗學習知道「媽媽就快要把尿布拿來了」，因而適時的做出配合換尿布的動作，不應該「隨意」被周圍的物品吸引，而忘記要被換尿布的事情。

・**逛街時：**小寶貝很難乖乖的坐在手推車上，常常看到旁邊有東西就要爬出手推車去摸東摸西，因此總是要大人緊緊牽著甚至是抱著走才行。

・**聚餐時**：父母跟朋友聚餐的時候，小朋友一直不斷的抓、丟餐具，甚至一下子就坐不住要離開座位，因此大人通常得輪流帶著小朋友在餐桌以外的地方遊玩。

・**遊戲時**：到了一、兩歲以後，小朋友經常隨意就被周遭物品吸引，因此到處跑來跑去，玩玩這個，爬爬那個，看起來「很忙」的樣子，但是不能專心的在同一事物上玩個幾分鐘。

醫生的小叮嚀

家長此時一定有個疑問，孩子不是應該都有好奇心，都是比較好動的嗎？請家長認真的觀察孩子的動作是否「有一定的目的」，同時孩子也應該要能在「被要求」或經由「重覆的操作經驗」知道如何做出適合目前情況的活動。例如，從日復一日換尿布的動作中，孩子應該可以將以前媽媽換尿布的每個步驟之經驗整合到腦中，知道該如何配合媽媽完成這件事。統整能力不足的小朋友，可能無法將過去的經驗併入整合，因此不管換過幾次尿布，他還是很容易受旁邊不重要的訊息吸引，而無法做出配合的動作。

醫生的小叮嚀

小朋友可以坐著連續看1至2個小時電視，可不是專心的表現喔！那只是他的注意力一再被新的畫面吸引的結果。電視固然可以提供多樣的資訊，但成長中的小朋友還是要多動動肢體才好。所以最少每半個小時就要提醒小寶貝起來動一動，每天看電視的時間也不宜超過兩個小時喔！

(2) 容易分心

因為小朋友對輸入腦部的訊息判斷不良，很容易就受到外界微小、不重要的訊息干擾。有時甚至稍微大一點的聲音、光線的變化，都能干擾他們，更不用說在學校同時有那麼多小朋友的環境裡，一些別的小朋友不經意的動作，都可能不斷的干擾到他。

・**丟三落四**：常常忘記帶老師交待的物品、忘了把功課帶回家、三天兩頭就發生外套、文具不見的狀況。如果這類的小事件不斷的發生，家長就要有警覺囉！

・**東西紊亂**：東西總是亂七八糟，玩具拿到哪裡就忘到哪裡，丟得到處都是。

▲孩子如果能在遊戲中專心，對他的生活及學習都有幫助喔！

(3) 行為組織能力差

他可能很衝動，不專心，工作時沒有計劃，或是無法在行動前思考後果。這類小朋友對適應新環境與遵從指令有困難，遇到挫折時很容易就感到挫敗，碰到新活動時表現退縮。因為他無法將眼睛所見、耳朵所聞、以及雙手與身體所接收到的訊息做良好的整合，所以雖然他能夠看得到、聽得到或感覺得到一些環境中的訊息，但就是無法針對這些訊息刺激做出正確的回應。你可能會注意到他在遊戲中常漏掉一些細節或是總是無法了解其他孩子的遊戲規則，因此常在遊戲過程中和小朋友們起爭執。他也不愛選那些一般小孩都很愛玩的、操作性強的組裝玩具來玩，對他來說需要動手操作或組裝的玩具，可能都太麻煩了。還有，他也會常常不小心打翻或打破東西，生活中老是意外狀況不斷，當參與新的團體遊戲或活動時，就常常以「不好玩」當藉口來逃避。

醫生的小叮嚀

除非小朋友的腦部能自行把輸入訊息組織整合清楚，不然腦中訊息一團亂，表現出來的行為勢必也會一團亂。

(4) 語言發展不良

語言上的發展遲緩也是感覺統合不良時，常會出現的一種表現。

・**有聽沒有到**：孩子本身並沒有聽覺器官上的問題，可是他卻常常有「聽」沒有「到」。明明這些語言訊息的確有傳進孩子的耳朵裡，可是在傳遞到腦部的過程中卻不見了，就好像從網路下載檔案到一半，卻突然斷了線找不到訊號一樣。這些孩子雖然有聽到家長說的話，但是卻無法按照聽到的話，做出適當的行為或動作，甚至有些小朋友還有語言理解困難的問題。

・**構音不良**：有些孩子知道自己想要說些什麼，卻無法指揮自己的嘴巴說出這些字彙的正確發音來。

・**結巴**：有些小朋友常常在有話要說的時候看起來很緊張，甚至結結巴巴，說不出一句流暢的話來。

(5) 協調性不良

當孩子沒有清楚的接收到從手與眼傳遞過來的訊號，他就無法在兩條線之間正確的著色，或準確的用剪刀剪東西，也很難靈巧的把兩張紙黏在一起。和同年紀的小朋友比起來，他做的每一件小工作都需要比別人更「用力」，但是成效卻常常比別人差。對他來說，這些小事還真讓他覺得困擾，常常不願意再繼續做。爸爸媽媽可能會覺得孩子只是沒興趣，但事實上，真

▲「用剪刀剪出想要的圖案」，需要良好的協調性。

的讓他排斥操作的原因，是他的感知覺以及他對環境刺激的反應能力不正確，他很難協調的將該做的事情順利做完，當然也無法感受到應有的成就感。在多做多錯的狀況下，就算是大人，也會深感挫折，更何況是一個還沒長大的孩子？

(6) 情緒起伏大

有些孩子生來就無法將來自於皮膚的感覺做良好統整，以至於當有人觸碰他的時候，很容易就會讓他覺得不舒服、生氣、焦慮，有時小朋友甚至敏感到連有人站在他的身邊，都會讓他覺得不安，想逃開。因此這些小朋友情緒也常常起伏不定，容易生氣，但是他不是故意要生氣，他是真的被這些干擾的訊息搞得很不舒服喔！

2.學校生活

除了上述的情形，感覺統合不良的孩子在學校裡可能會出現以下的延伸問題：

(1) 無助與焦慮

在學校裡有很多瑣碎的小事，是孩子必須親自去操作執行的，沒有良好的感覺統合能力，孩子需要用雙倍以上的努力來學會怎麼綁鞋帶、怎麼握筆、怎麼用剪刀等諸如此類的小事情，因此常常無法在時間內把事情做完。同時，孩子必須和很多的小朋友們一起上課、活動，一個很容易被身旁微小訊息干擾而無法專注的孩子，必須在滿屋子都是人的狀況下勉強專心，對他來說真的很困難。有時候在課堂上他必須執行老師交待的連續指令，例如「把書收起來，然後把鉛筆和尺拿出來……」，這些連續指令或規則對很多感覺統合不良的孩子來說，也常常只能做到一半，注意力就被干擾，因此無法即時完成而受到老師或同學的指責。這些小朋友在學校裡常常會感覺到無助與焦慮，嚴重的時候，甚至會排斥與逃避上學。

▲當孩子能過濾掉外界不重要的刺激，才能有良好的專注力。

(2) 無法專注

我們知道感覺統合不成熟的小孩，很容易就會對外界微小的不重要刺激過度反應，因此在教室裡的時候，他會很容易被外來的聲音、光線或是有一大堆人在做很多不同事情的混亂狀態所干擾，所以注意力很容易分散。例如：在上課的時候，旁邊的同學鉛筆掉了，他的注意力就轉移到掉下去的鉛筆，忘記老師正在上課這回事了。家長必須了解，並不是這個孩子自己想要這麼做，而是孩子無法有效地精準判斷環境所輸入的訊息，並快速壓抑掉不需要處理的訊息，因此只好像隻好奇的小動物般，哪裡有聲音，他的注意力就往哪裡去，當然不可能有良好的注意力！

(3) 自我形象不良

累積了幾年挫折的經驗，小寶貝就會失去應有的自信。這時候如果家長沒有小心的從旁給予支持，他可能會在成長的過程中覺得自己很笨、很差勁，尤其是當別的孩子也這麼批評他的時候，他更會覺得自己一無是處。只是口頭上告訴他「寶貝你一點都不笨、你是聰明的、你很棒」是不夠的，這些安慰的語言或許能夠讓他的情緒得到暫時的舒緩，但並不會促使他的腦部加強整合能力。唯有讓他的感覺整合能力正常化，並且能夠進而發展出對不同環境事件適當的反應能力，才有辦法讓他建立自信與自尊。

一般而言，正常的孩子並不需要特別到醫療院所，接受感覺統合的治療，因為日常生活操作與遊戲中，已經為腦部提供足量的感覺刺激，並且讓他有能力針對各種不同的感覺刺激做出交互比對、運用，以及執行正確的回應。例如：眼睛（視覺）看到檸檬，就算還沒吃到，經由過去整合的經驗，口腔也會有酸酸的感覺（味覺），這就是基本的視覺和味覺整合。但是對於大腦功能輕微障礙或是感覺統合不良的孩子而言，他們無法從日常生活及遊戲中去整合各式各樣的感覺訊息，所以他無法發展出正確的適應反應。

換言之，這樣的孩子雖然會玩遊戲，但他沒辦法從未經過設計的遊戲中，順利得到正確的感覺輸入，他需要的是一個針對

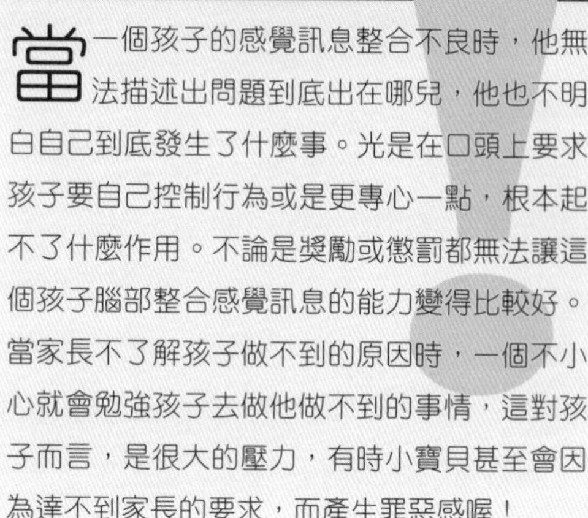

醫生的小叮嚀

當一個孩子的感覺訊息整合不良時，他無法描述出問題到底出在哪兒，他也不明白自己到底發生了什麼事。光是在口頭上要求孩子要自己控制行為或是更專心一點，根本起不了什麼作用。不論是獎勵或懲罰都無法讓這個孩子腦部整合感覺訊息的能力變得比較好。當家長不了解孩子做不到的原因時，一個不小心就會勉強孩子去做他做不到的事情，這對孩子而言，是很大的壓力，有時小寶貝甚至會因為達不到家長的要求，而產生罪惡感喔！

家長期望幼稚園可以教會孩子乖乖坐好，學習閱讀，然而良好的「前庭功能」才是往後孩子就學後乃至於一輩子的重要關鍵，因為它可幫助孩子在閱讀、計算甚至認知、思考、決策時做得更輕鬆、更好。

他的特殊需求而設計的環境，這樣的環境通常不是一般家庭或學校可以提供的。這些孩子也很需要專業人士的指導，從特定的遊戲活動中來得到足量的刺激，改善他的感覺統合能力。

在當今社會，家長對於小寶貝的語言、學業、智力的發展投注的心力，往往遠遠高於用以提升感覺神經發展的活動。而都會生活形態中，擁擠的環境，讓孩子更難有適當的地點可以大量的去做類似盪鞦韆、玩跳箱、吊單槓、跑步等遊戲。在孩子們最需要有機會提升前庭功能的時候，

感覺統合是孩子一輩子中相當具影響力的功能，家長一定要把握孩子的黃金發育期，千萬別忽略了！

醫生的小叮嚀

孩子並不需要比別人早一點起步。人類的發展在不同時期，有不同的重點。學齡前打好感覺神經的基礎，才能讓孩子未來順利的發展。

Chapter     

3 交通指揮官——前庭系統

前庭系統的最重要功能，
就是支持並幫助整合
各種不同感覺系統
陸續輸入的神經訊號。
它幫助孩子清楚的知道
自己和周遭人事物的關係，
以便讓身體順利的做出正確的動作。

什麼是前庭系統？

一個人的視覺、聽覺等等感官系統，由於有外在的器官，我們很容易就可以理解他們的功能為何。可是前庭系統並沒有這樣的外露器官，所以有很多人都不知道，原來前庭系統在我們的腦部功能中，占了極重要的地位。在本書中，我們將針對前庭系統做較深入的介紹，好讓家長們對這個腦部的交通指揮官有較清楚的認識。

前庭系統的最重要功能，就是支持並幫助整合各種不同感覺系統陸續輸入的神經訊號。它幫助孩子清楚的知道自己和周遭人事物的關係，以便讓身體順利的做出正確的動作。前庭系統經由位於「內耳」的接收器，不斷的從我們的頸部、眼睛、身體等部位的活動及地球重力場的影響中，接收到各種刺激訊號，然後把這些訊號傳遞到中樞神經系統中加以處理，最後協助調整身體的肌肉張力，幫助我們流暢又正確的做出各式各樣複雜的反應。

經由穩定的前庭系統，我們可以清楚的知道自己的身體和地球之間的相對關係。它讓我們可以輕而易舉的感應出自己是直立的、倒立的，還是傾斜的。除了知道自己是不是在移動中，也可以清楚的分辨出我們身邊的物品到底是靜止不動的，還是和我們的位置有相對的移動。前庭系統也提供了充足的訊息，讓我們可以分辨出行進方向、速度，當然前庭系統還有一個最重要的功能，就是幫助我們快速的判斷出，到底是身處於一個危險的、還是安全的環境。

整體來說，前庭神經可以說是我們身上其他感覺神經的「根基」。它協助整合所有來自肌肉、關節、皮膚、視覺與聽覺等感覺訊息輸入，對於小孩的平衡系統、肌肉張力、衝動控制、姿勢體態、手眼協調、甚至認知學業等等功能而言，前庭神經的發展是決定性的因素。在媽媽肚子裡九週大的胎兒，就已經藉由媽媽的移動，來接受適當刺激，開始發展前庭系統。前庭系統的結構與功用絕對比任何一部高級電腦還要複雜。當孩子的前庭系統沒有辦法順暢地運作的時候，他就無法發展出良好的平衡與動作能力，進而無法有足夠的反應來做出複雜協調動作（如跳繩），甚至可能對危險的環境反應不足，因而常造成意外。

▲前庭系統的感受與方向、速度有關。

前庭系統掌管的功能

1. 協調眼部與頸部肌肉

良好的前庭功能，幫助小朋友發展出穩定的眼部與頭頸部肌肉，當頭部與頸部的支撐夠穩定，才能提供穩定而優質的視覺輸入，發揮良好的視覺功能，不會有跳字、反字、手眼不協調等現象。

(1) 視覺追蹤

因為前庭系統能力不良，導致眼部與頸部肌肉運作不良的小朋友，通常會在追蹤眼前移動的物品上發生問題。他可能無法跟上正在注視的移動點（例如：不知球跑到哪裡去了），甚至難以平順的移動眼睛，從一個視覺焦點上轉移到另一個視覺焦點（例如：抄黑板常會漏東漏西）。視覺追蹤能力不良，很容易讓小寶貝在玩球、拿筆畫線或閱讀的時候變得非常吃力，嚴重的時候甚至會產生「閱讀障礙」。

(2) 身體和周邊事物相關位置的建立

有些小孩總是會莫名其妙的撞到家具或是因為沒看到台階而跌跤，但在視力檢查時卻又沒有什麼大問題。他的確可以看得見家具或台階，但是他似乎搞不清楚這些東西與他的身體之間的相對距離，因此在走路時，可能會在人行道上因為多踏一步或少踏一步而跌倒，有些小孩甚至常會跌下床，因為他覺得地板跟床是一樣高的。

(3) 視覺穩定

攝影師在拍照時必須維持手部的穩定，才不會拍出模糊的照片。如同攝影的道理，前庭系統會自動調節眼睛與頸部的肌肉來代償頭部或身體的動作，這樣當我們在移動的時候，眼睛所看到的景物才能維持穩定，不會跟著跳來跳去。如果沒有良好的前庭機制來維持眼睛與頸部穩定，小朋友要在操場上邊跑步邊追求穩定，就會變得非常的困難。

醫生的小叮嚀

缺乏眼－頸－頭的穩定性，很容易造成閱讀困難，家長或老師不要只是密集給予閱讀訓練，要記得多讓小朋友有機會從事有益前庭神經發展的活動，才會事半功倍喔！

2. 協調全身肌肉

(1) 維持身體的直立狀態

前庭系統會幫助全身肌肉「下意識」的進行適當收縮，以便身體能維持直立的狀態。前庭系統建構不良，很容易導致肌肉的張力不足，小朋友因此很容易感到疲累，常常彎腰駝背，看到支持物就靠上去，跟家長坐在一起時，更是喜歡癱在家長的身上。

(2) 使動作流暢

腦部的訊息沿著脊髓往下傳到肌肉群的同時，肌肉與關節也往上傳送本體覺的訊號給前庭神經與小腦，前庭神經與小腦之間會不斷的交換訊息。小腦的功用在於讓我們的動作流暢、正確，且操作的時間點正確無誤。如果一個孩子的前庭神經與小腦無法處理整合來自於肌肉與關節的感覺訊息，他可能就會常常跌跤，動作不流暢。他們常寧可自己看電視，也不要參與操作遊戲，但是沒有經過「全身性遊戲活動」的刺激，就沒辦法獲得幫助大腦完全發展的感覺刺激，在這樣的情形下，孩子勢必無法得到發展正常人格所需要的重要成長經驗。

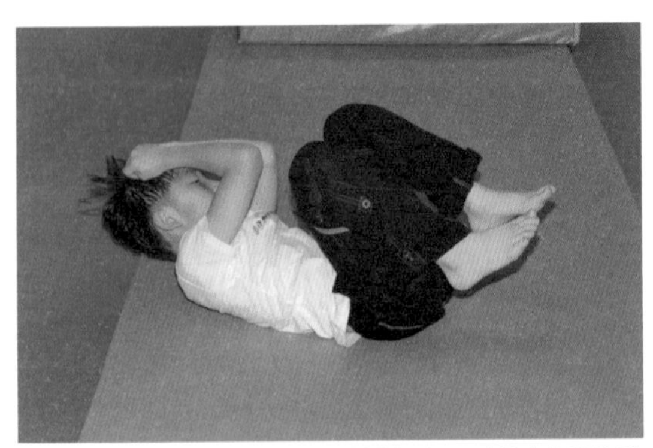

▲前庭神經若過度誇大傳入的刺激訊息，則很小的翻滾動作便會引起小朋友不舒服的感覺。

3. 維持消化中樞感覺正常

當前庭輸入的訊息量高到腦部無法處理的時候，「消化中樞」就會感到不舒服，讓我們覺得噁心想吐。當我們被過度旋轉時，會有這樣的反應是很正常的。如果您家中的小寶貝在過度旋轉後，卻不會覺得頭暈想吐，很有可能意味了他的前庭神經並沒有認真的處理接受器傳來的感覺訊息。反之，如果前庭神經過度誇大傳入的刺激訊息，可能很小的旋轉動作便會引起小朋友噁心嘔吐的感覺，這類型小朋友即使只是坐在有滑輪的椅子上輕輕的滑動，都會讓他暈頭轉向，非常不舒服，更別說是坐上遊樂場的旋轉木馬了。

4.閱讀、書寫及運算能力

對於大人而言，閱讀、書寫以及運算等在學校需要使用的基本能力或許已經不是很困難的技術，但對小朋友來說，這些能力其實一點都不簡單。要完成這些動作，不但要能正確的接收感覺訊息，還要能良好的整合各個不同的感覺訊息，同時做出精準的動作才行。

（1）閱讀

小朋友必須有良好的空間知覺，才能在視覺輸入時區分出不同字母、數字以及標點符號間的細微差異（例如：正確的分辨出「41」與「14」；「b」與「d」；或「好」與「子女」之間有什麼差別）。前庭功能不佳的小朋友在閱讀的時候，很容易因為視覺追蹤的能力不佳而出現「跳字」、「跳行」的情形。

（2）抄黑板

當孩子進入學校之後，抄寫筆記的能力是否發展良好會影響到他在課業學習上的表現。在抄寫黑板時，孩子除了要有良好的書寫能力之外，還需要有良好的頸部張力整合與視覺追蹤的能力，才能順利完成由看到寫的過程。當寶貝的前庭功能不佳，往往讓他在抄寫黑板時需要比其他小朋友花費更多的時間才能看清楚黑板上的字，這並不是因為他的視力不好，而是他找不到剛剛抄到哪裡了，因此需要花費更多的時間在黑板上搜尋要抄的內容，當然效率較差。

如果腦部無法接收或處理從動作與重力產生的感覺訊息，生活中許多重要的大腦功能就無法順利的被執行。當一個孩子前庭發展不良時，他的大腦中會有很多感覺動作的模組組織不起來，因此他可能永遠都無法意會書上的字代表的意思，也可能沒辦法使用正確的字。「只要你肯試，你就會做」——這是老師們對有學習障礙的孩子最殘酷的鼓勵方式。當一個孩子無法連結他所看到的跟聽到的，他怎麼可能讀得出來？當孩子得要很費力專注才能讓自己坐在椅子上時，要他好好的寫出自己的名字，也會是一項困難的任務。

家長們要注意，感覺統合能力是孩子在蓋他的「人生大樓」時最重要的地基，除非我們讓小朋友有機會發展這些最基本的能力，否則學習障礙的問題將很難克服。大多數小朋友在五、六歲的時候，基本能力已經漸漸成熟，因此已準備好開始學習閱讀，但對於無法順利做到正確整合各項輸入感覺訊號的孩子來說，六歲時教他們閱讀或書寫是很困難的，孩子們通常也會出現反抗的動作。

醫生的小叮嚀

各式各樣感覺訊號的正確統合，可說是孩子在建構「人生大樓」的地基。只要地基夠穩夠好，家長就可以放手讓孩子為自己的人生設計出最適合自己的「大樓」。要記得，不扎實的地基，是無法蓋起雄偉大樓的；沒有良好感覺統合基礎的孩子，在成長過程中必定挫折重重。我們要知道孩子的大腦只能靠他自己組合，小學低年級以前，家長千萬別只顧著給予認知的訓練，要記得多給孩子一些可以幫助感覺統合發展的活動喔！

前庭系統發展不良的表現

既然我們已經知道前庭神經是很重要的，那麼前庭神經到底要多活躍才算好呢？

事實上，前庭神經的「輸入不足」或是「過度活躍」，同樣會干擾孩子的學習與行為反應，就像收音機一樣，音量被調得太低會聽不清楚，調得太高卻又太吵，只有適當的音量才能讓我們收聽愉快；同樣的，只有前庭系統調節適當的小朋友，才能在正常環境中愉快的接受各種刺激，並做出適當的反應。

1. 前庭系統反應過低

前庭系統反應不足的孩子，家長會發現小寶貝即使被旋轉很多圈，也不會覺得頭暈想吐，這是因為孩子的某部分前庭系統沒有發揮作用，對輸入刺激反應過低。這類孩子會因為前庭功能不足導致左右腦互相溝通不良，以致於身體兩側協調困難，因而產生動作能力不良、平衡能力差、甚至閱讀困難等問題；有些小朋友則會影響到語言的發展，因而有構音不良、語法不良，甚至語言理解困難的情形。當然有些小朋友同時會合併有上述兩大層面的問題，因而不只動作發展不良，語言能力也有落後的現象。

(1) 前庭左右互用不良

其實前庭左右互用不良的症狀一般來說並不明顯，很容易就被家長忽略。有這樣問題的孩子甚至常被認定為完全正常，直到進了學校之後，才陸續出現閱讀困難、計算困難、或是其他學業表現上的不良。由於許多有兩側前庭互用障礙的孩子智商都在平均水準之上，所以一般人無法理解為什麼他們在學校學習的過程會發生困難，雖然他們很聰明，但是就是無法把他們的聰明發揮在「閱讀」或「運算」等學校功課上。

事實上，這是因為這些小朋友對身體兩側的互用協調很混亂，他們常常連左邊、右邊都無法搞清楚，於是文字與數字無法順利的在腦中清楚「卡位」，甚至根本就亂成一團，糾結不清，因此，在給予單純學業訓練的同時，應該加入感覺神經的訓練，以便孩子能夠順利互用兩側前庭系統，如此一來，文字和數字的符號在腦子裡才能夠做到最基本的「正確卡位」，小孩才能發展進一步的認知功能，練習出良好的閱讀與運算能力。

家長們可以先參考第84頁的檢查表，了解小寶貝是不是有前庭左右互用不良的狀況！

前庭左右互用不良，會有以下的表現：

・姿勢反應不良：兩側前庭互用障礙的孩子，在姿勢動作的反應上，會比同年齡的小孩弱。這樣的小朋友在坐著的時候，常常無法好好的保持良好坐姿，不是頭偏一邊，就是東倒西歪，在遊戲中也很容易就感到疲累。他們通常自己要跌倒了也沒什麼自覺，在快要跌倒時，也不會做出試圖要保持平衡的因應動作，甚至跌到地上的時候，也不會彎曲身體，做出一般小孩會自然反射的「保護自己」的動作。當然，這些孩子在學習騎腳踏車等一般孩童覺得快樂的活動時，需要花好幾倍的時間，才能做到和別的小朋友差不多的效果，於是他們很難在遊戲或運動中感受到「做得好」的興奮，而且沒辦法像其他的孩子一樣從活動中得到自信與快樂，所以他們常常想盡辦法逃避活動。這些大大小小的挫折不斷累積之後，很難不產生後續的心理問題或情緒不良，家長可要多多注意，平時一定要多給予正向的鼓勵喔！

・對擺盪或旋轉反應過低：前庭系統反應不足的小朋友，對前庭系統輸入的訊號反應過低。這樣的小朋友就算接受大量的

表九 常見的 前庭系統左右兩邊互用不良 檢查表

□ 1. **大動作活動不靈活**：一些大的肢體動作（例如：跑、跳、攀爬）做得很笨拙。跟同齡的孩子比較起來，絆倒、摔跤的發生率偏高，有時甚至沒辦法在快跌倒時，做出試圖恢復平衡或保護自己的動作。在運動或是比較激烈的遊戲中表現得有點笨拙，總是被笑稱「有兩隻左腳」。

▲張力不佳

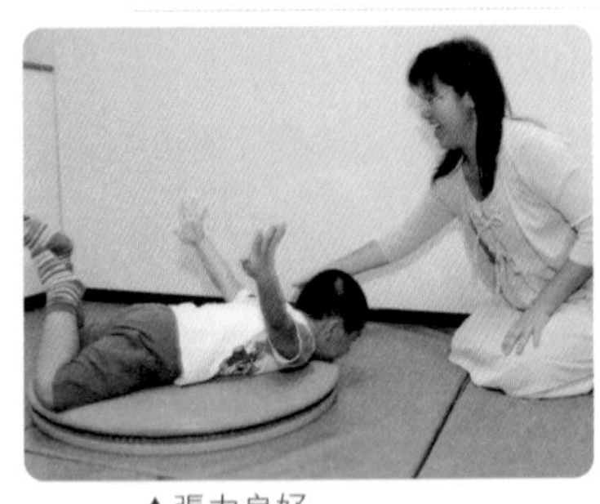

▲張力良好

□ 2. **平衡能力不佳**：嘗試要將他放在狹窄的平面上，會覺得他動作僵硬而沉重，而且常常緊握家長的手不放。就算家長再三保證他不會有危險，他還是害怕得不得了。當然，平衡能力不佳的小朋友在這類狹窄的平面上也不會走得又快又穩。

□ 3. **肌肉張力差**：因為前庭神經的訊號不良，腦部下傳到肌肉的神經不穩定，所以肌肉的張力也較差，他們在趴著的時候，無法同時做出抬起頭、手臂和腿（小飛機）的動作。

□ 4. **手腳協調不良**：他的雙手和雙腳沒辦法做出很好的協調動作。家長常會看到孩子同手同腳，或是在學校老師玩帶動唱時，跟得很辛苦。他們通常也不大會跳彈簧床、沒辦法從大石頭上跳下來、不會玩跳繩、也不會玩傳接球。

□ 5. **未發展出優勢手**：因為左右腦分化不良，導致到了四、五歲時，優勢手仍沒有被發展出來。小寶貝看起來是兩隻手都會做吃飯、寫字的動作，但問題是兩隻手都無法做得很好。

□ 6. **左右分不清楚**：這樣的孩子常常會分不清左右邊，尤其是在沒時間可以細想的時候。

□ 7. **寫反字**：在學寫字的時候，比其他同學更容易把字搞反，例如：「b」寫成「d」、「6」寫成了「9」。有時甚至會把字倒過來讀，例如「saw」看成了「was」。寫中文的時候，常會把字的左右邊寫反，例如：「好」寫成了「子女」。

□ 8. **挫折耐受力低**：抗壓性低，常常有挫敗感。動不動就哭，一碰到困難就放棄。

- [ ] 9. **情緒或行為問題：**因為長時間連最基本的自己身體左右側互用都有困難，因此很難覺得自己很棒。而且別的孩子日常生活中輕而易舉就可以達成的能力，他們通常要很費力去學習，加上時而挫折，常接收到外界負面評價，有時會出現很明顯的情緒或行為問題。
- [ ] 10. **學習障礙：**孩子本身看起來很正常，健康情形良好，也有正常的智力，但是在學習「閱讀」與「算術」的時候發生困難。
- [ ] 11. **爬行經驗少**，嬰兒時期不愛爬行，爬行動作笨拙、有障礙。
- [ ] 12. **身體的知覺能力不佳。**
- [ ] 13. **無法流暢的交替使用雙手：**例如跟著音樂拍手與敲擊樂器時，他常會顯得動作笨拙或是跟不上節拍。
- [ ] 14. **難以一側的手腳來輔助另一側手腳的操作：**例如用單腳站立、另一隻腳踢球，或是一隻手壓紙、另一手寫字。
- [ ] 15. **精細動作能力不良：**在使用工具的時候會出現困難，例如用餐具吃飯、用蠟筆塗顏色、用梳子梳頭髮等動作不順暢。

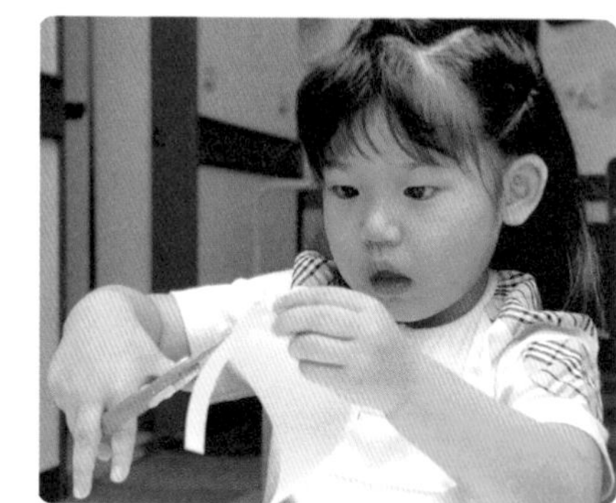

- [ ] 16. **站在畫架前要畫一道長的橫線時，會在中途把畫筆換手拿，然後繼續畫下去。**
- [ ] 17. **沒辦法在遊戲中用手摸身體另一側的肩膀或手肘。**
- [ ] 18. **無法流暢的把一行字從左到右讀完，中途一定會停頓，眨眨眼然後才重新聚焦。**
- [ ] 19. **沒辦法盯著一個正在移動的物體，常常跟丟了。例如看球賽時常常不知道球跑到哪裡去了。**

如果家中的小寶貝在日常生活中，有1~3個表現符合以上的檢查項目，家長尚不需要太過緊張，只需要多加注意，並且給予相關刺激，未來幾週內認真觀察小寶貝有沒有慢慢的改善就可以了；如果小寶貝日常表現符合的項目超過3個，請家長千萬不要等閒視之，應該要向專業人士求助，為小寶貝安排進一步的檢查與訓練活動喔！

▲前庭系統反應不足的小朋友，常藉由快衝、跑跳，來追求前庭神經的刺激。

旋轉或擺盪，也不容易出現一般人應有的頭暈或作嘔的反應，所以這些小孩特別喜歡玩旋轉木馬和雲霄飛車，並且一玩就停不下來，玩得比誰都久；在治療課程中，他們也喜歡在擺盪的器材上越玩越快。事實上，他們需要大量的擺盪來「啟動」他的前庭系統，因此在日常生活中常常愛衝來衝去、跳來跳去，追求前庭神經的刺激。口頭上的規範、打他、罵他所能達到的效果是有限的，唯有幫助孩子建立穩定的前庭系統，才能讓孩子不再像脫韁野馬一樣，到處隨意衝撞找刺激，進一步能夠穩定的執行合乎社會期待的行為。所以，聰明的家長，要多找合適的地方讓孩子活

醫生的小叮嚀

家長不宜幫小朋友做過多的「旋轉的動作」。因為過度旋轉的刺激會引發呼吸減緩或血壓降低等症狀，嚴重一點的，也有可能導致孩子痙攣或昏迷，得不償失喔！

動，以利神經發展，千萬不要剝奪孩子盪鞦韆、溜滑梯的權利喔！

．左右分不清楚：前庭反應活動不足的孩子，多半在協調左右肢體活動上，顯得不靈活，對於需要左右手互相合作的工作做起來有困難。這些小朋友也老是搞不清楚左右方向，特別在他忙到沒時間注意方向的時候，你叫他向右轉，他可能會向左轉。除了「左手」和「右手」相互協調不良，「手和腳」的相互協調也不好，因此要他做類似跳舞的活動時，常常會狀況百出，不是同手同腳，就是轉得太快而跌倒，諸如此類各式各樣小意外不斷的發生，小朋友的挫折感也越來越深。在成長的過程中，他會用大腦其他部分的功用來代償前庭功能的不足，例如他會藉由大腦以思考的方式記住左邊與右邊的差異。大致而言，經由不斷的重覆練習，他還是可以發展出正常方向的區辨能力。當然，用大腦其他部分的功能迂迴來做代償，終究不如原來直接反射的功效卓著。在遇到新的或是較為複雜的狀況時，他還是會有方向辨識上的困難。

．左右腦分化不良：當然，前庭左右互用不良的小朋友，同時也會有左右腦分化不良的問題。一般而言，成長良好的腦部，會隨著其系統越來越成熟而讓腦部功能「專化」，左右腦會各自運作而又相輔相成的發展出不同的專門功能，各司其職，分工合作來負責全身的功能。前庭系統反應過低的狀況，常會影響到這樣的專化過程。這樣的小朋友因為左右腦相互運用不良，因此會自顧自的各自發展出雷同的功能。他會傾向於使用左手做發生在身體左側的事情，用右手做發生在身體右側的事情，也就是說當筆靠近右手就用右手寫字，靠近左手就用左手寫字。他們雖然兩隻手都發展出寫字的功能，但家長先不要太高興喔！因為這項功能在腦部沒有被專化，所以可能兩邊都沒辦法寫得很好。左右腦溝通不良，各自重覆在做相似的事，因此不會有正常的效能。相同的，孩子的左右腦也會嘗試各自發展出語言中樞（通常語言中樞位於左腦），但兩邊都無法做到正常的效能，甚至有些還會造成說話、閱讀與書寫上的困難。

(2) 前庭語言障礙

語言溝通是一個十分複雜的功能，它是身體各個感覺神經系統經由不斷複雜統合後，才能發展出來的末端產物。在所有的感覺通路中，前庭系統是其他感覺系統（例如：視覺、聽覺）的基礎，因此前庭系統發展不良，會很容易影響到後續語言的發展，特別是口語表達的能力，有些小朋友甚至在未來理解力的發展上，有明顯的障礙。

幾乎每個孩子在玩雲霄飛車的時候，都會大叫甚至尖叫，由此我們不難看出前庭輸入對於發聲具有促進的作用。在臨床上，我們也觀察到大部分很少說話的孩子，在接受前庭刺激後，會比平常發出更多的聲音。前庭刺激在一般公園的遊樂場地中，同樣可以獲得，家長可以多抽空帶著孩子玩，讓孩子獲得足夠刺激量。

2. 前庭反應過度活躍

前庭系統反應過度活躍的小朋友對於移動及重力方向的改變總是顯得憂心忡忡。因為他們總是覺得自己就快要摔跤了，所以當別的小朋友快快樂樂的又跑又跳時，他們總是選擇能不動就不動，能坐著就不要站著，沒有快樂的肢體活動的童年。家長常會覺得孩子越來越焦慮，脾氣也會跟著越來越大。前庭系統反應過度活躍的孩子可能會有重力不安全感或是移動位置耐受力不佳的表現。當然也有小朋友會同時有這兩種表現。

(1) 重力不安全症

生活在地球上的我們，終其一生都在「地心引力」的影響下。重力感不斷經由前庭的接受器傳輸到腦部，當我們把頭部的擺盪幅度增大一點時，這個訊息的強度就會增強一些。重力不安全症的孩子因為對接受器輸入的訊號過度敏感，以至於一點點的動作移動，都會讓他們覺得不安全，因此這些孩子常常盡可能的把頭部的移動減少、而且雙腳一定要踩到地面才覺

表十 重力不安全症 檢查表

□ 1. **怕高**：對於高度與墜落有異常的恐懼。很怕走在高出來的平面上，就算對別人來說可能還好的高度，他也無法忍受。

□ 2.**不敢往下跳**：盡可能的避免做從上面往下跳的動作。

□ 3. **討厭需要翻轉頭部或身體的動作**：他不喜歡被翻轉過來，類似翻筋斗、在地上翻滾或是瘋狂跑跳等遊戲都是他不愛玩的。

□ 4. **討厭雙腳懸空**：雙腳離開地面的時候就會開始緊張焦慮，掙扎著要下來。有信任的人在身邊幫忙時，他可能會比較願意配合。

□ 5. **容易頭暈**：被轉個幾圈就會失去平衡，頭暈甚至想吐。

□ 6. **不敢爬高**：即便是雙手可以抓牢的簡單攀爬動作，他都不願意做。

□ 7. **上下樓梯困難**：花很久的時間才能學會上下樓梯。

□ 8.**動作緩慢**：在一般操作中總是動作慢，比如上車下車、從車子裡的前座移動到後座，或是在高高低低的路面行走等。

□ 9. **動作笨拙**：對自己肢體的掌握控制能力弱，因此動作協調不好，有時看起來有點笨手笨腳。

□ 10. **害怕突然轉彎**：坐在車子裡的時候，在街角轉彎就會讓他感到害怕。

□ 11. **害怕跌倒**：坐著的時候突然被向後推一下都可以讓他神經緊張。

□ 12. **擔心墜落**：上下樓梯的時候，比別的孩子還常緊緊抓住扶手。

□ 13. **較偏好靜態活動**：不喜歡玩會移動的玩具，喜歡可以在固定位置玩的東西。

□ 14. **不喜歡旋轉或快速的遊戲**：不喜歡玩遊樂場裡類似雲霄飛車、旋轉咖啡杯等遊戲設施。

如果家中的小寶貝在日常生活中，有1~3個表現符合以上的檢查項目，家長尚不需要太過緊張，只需要多加注意，並且給予相關刺激，未來幾週內認真觀察小寶貝有沒有慢慢的改善就可以了；如果小寶貝日常表現符合的項目超過3個，請家長千萬不要等閒視之，應該要向專業人士求助，為小寶貝安排進一步的檢查與訓練活動喔！

得安心。

家長如果覺得孩子平常總是過於小心翼翼，那麼趕快來做做第89頁的檢查表，看看孩子是否有重力不安全感的問題。

大多數有重力不安全症的孩子不敢自己站上平衡木，但是在父母或老師的鼓勵或攙扶下又可以做得到。他的平衡感與動作協調性其實不是那麼差，就算沒有大人的幫忙也可以走得很好，可是他的大腦並不認為自己有這個能力。雖然他可以保持平衡不掉下來，但是我們還是可以看出來他繃緊了全身的神經，非常的「過度緊張」。

每當要他做出平常沒有做過的動作、或是被人強迫做某些動作時，他們就會感到害怕、焦慮與痛苦，雖然這些動作是他可以輕易達成的。當他在進行某些動作時，常常不允許別人站得離他太近，因為他害怕別人會無預警的來推他或是抱起他。鞦韆、旋轉木馬等這類需要擺盪旋轉的遊樂器材，都會讓他倍感壓力，非常害怕。

有重力不安全感的孩子對於重力的拉扯，有著與生俱來的恐懼感。他們即使平時不常摔倒，但還是會花很多心思在擔心自己會不會摔倒、如何避免摔倒等等問題上面，所以大多數的時間都處在比一般孩子更緊張的情緒中。家長要體諒，他不愛動並不是因為懶惰，不管你怎麼說，也無法改善他的不安全感，而獎勵或鼓舞對他而言也很難起得了作用。

這樣的孩子是非常辛苦的，當別人忽略他神經過度敏感的問題，要求他跟其他的

▲有重力不安全症的孩子在彈跳時，可能無法順利地讓雙腳離開彈跳床，而只是在原地不停地上下抖動。

孩子一樣蹦蹦跳跳時，他就更難過，因為他得要雙腳都平穩的踏在地上才覺得安心。「跳躍」這個「對抗地心引力」的動作對他們而言是很可怕的，所以有許多小朋友在「跳」的時候，腳根本沒有離地，直接用「跑過去」來取代「跳」的動作。要求他躺在桌子或平臺上對他而言，壓力也是很大的，但是若是躺在地上或床上，狀況就好一些。他們也會對上下坡、走過坑坑洞洞的路……等舉動感到非常害怕，上下樓梯的時候，這些小朋友也一定要緊緊的抓住欄杆以防跌倒。

當一個孩子和最基本的地面之間，其相互關係是處於不穩定、不安全的狀態時，其他的互動關係（例如：和別人相處）當然也會受到影響。通常人們不會注意到他的恐懼，只會覺得他「很難相處」，別的小孩會笑他「膽小鬼」，老師也無法理解為什麼不管怎麼開導，這個孩子就是沒辦法開心的配合做一些簡單的動態活動。

這些孩子為了要逃避或減少壓力與恐懼，會想盡辦法去控制環境或控制他人，因而讓人覺得他頑固又難以妥協。小時候

▲玩蹺蹺板對重力不安全症的小孩而言，是倍感壓力的遊戲。

的經驗讓他知道大人總是不理會他的不安，老是強迫他做一些他覺得不安全的事，隨著時間的成長，他們慢慢就學會試著用「語言」來掌控情勢，於是家長常可以觀察到孩子利用各式各樣的藉口，來逃避新的活動。

重力不安全症本身並不會影響孩子智商的發展，但是後續所引起的緊張焦慮，則可能讓孩子的注意力常分散到擔心活動帶

來的不舒適感，因而影響到孩子的學習歷程，甚至連學業表現也跟著變差。

如果處在他認為安全的保護之下（例如坐在爸媽的腿上），他就比較能夠放心接受一些新的活動。因此家長在做任何活動（例如：溜滑梯、蹺蹺板）的初期可以先抱著孩子一起做，等孩子熟悉了，再讓他們自己來。你將會發現，在不斷的鼓勵嘗試後，孩子漸漸可以克服重力帶來的不安全感，於是他就會越來越自信、越來越快樂囉！

(2) 移動位置耐受力不佳

前庭系統過度活躍的孩子，在突然的動作改變或是轉圈圈時，會感覺非常不舒服。「被移動位置」這件事對他們來說，簡直就是個驚嚇，讓他們覺得全身緊張。他們通常比別的小孩容易暈車，在會動來動去的遊樂設施上（例如：旋轉咖啡杯）也玩不了多久，就覺得暈眩甚至想吐。狀況比較嚴重的孩子，甚至只要看著別人轉動，他就會覺得頭昏眼花，因此他有時會有躲避藉由眼睛輸入感官訊號的表現，例如：一坐上移動的車子或是搖椅，就趕緊閉上眼睛。

和重力不安全感的孩子不同的是，移動位置耐受力不佳的小朋友，是真的只要大一點的移動或旋轉，就會導致頭暈想吐的感覺，而重力不安全感的孩子則是自我判斷無法承受高度落差的改變，但事實上，他們的耐受力並不是那麼差，許多移動或旋轉動作在信任的人陪伴下也可以順利完成。當然有許多小朋友是合併有重力不安全感，同時段移動的耐受力也不佳。

前庭反應過度活躍的小朋友在成長的過程中，會一直努力閃躲一些較為動態的活動。然而當一個孩子在運動的過程中，不但無法像一般兒童體會到應有的舒適及成就感，反而需要焦慮的努力避開某些活動，除了錯失很多童年的滿足感，也可能無法培養出該有的自信心，最重要的是，可能因此沒有機會發展出良好的感覺統合能力。再次提醒家長，不要只顧著給予知識的訓練，肢體活動的自信心及道德感的建立，也是孩子這輩子快樂生活不可或缺的能力喔！

Chapter 4

分布最廣的感覺器官——觸覺系統

正確處理觸覺訊息的能力
對我們而言是很重要的，
它不只會影響身體知覺及情緒，
對於課業學習、生活安全感、
以及社交能力等方面的影響也很大。

什麼是觸覺系統？

如果您家中的小寶貝是個會挑嘴、愛發脾氣、輕輕一碰就叫痛、動不動就哭鬧不休的小麻煩，相信您一定非常頭大吧！還有些小寶貝，說什麼都不肯穿襪子，拒絕所有毛毛的衣服，抵死不吃蔬菜水果，只肯喝冷飲不肯喝熱湯，食物太硬或太軟都不吃……這麼多的麻煩狀況，真是讓家長傷透腦筋。其實他們多半只是在觸覺系統上發展不良而已，而不是真的要跟爸爸媽媽作對。

分佈面積最廣的感覺器官

皮膚是我們人體面積最大的器官，在皮膚表皮下，更是密密麻麻的佈滿了各種感覺接受器。這些接受器構成的觸覺系統，在我們的生理、心理以及情緒行為等表現上，扮演了無可取代的重要角色。我們每一個人從嬰兒時期開始，就需要源源不絕且穩定的觸覺刺激，來幫助我們建構身體的功能，讓身體有效的運作，進而擁有良好的健康。也就是說透過分佈在從頭到腳皮膚下的感覺接受器，孩子可以接收到環境中各式各樣的觸覺訊息，舉凡按壓、震動、肌肉運動、溫度、癢與痛等刺激，都可以活化我們的觸覺接受器。

觸覺訊息在生活中無所不在，我們隨時隨地都會「主動」的經由接觸其他物品產生觸覺，也會「被動」的經由他人、傢俱、衣料、書本、地板、甚至是空氣等東西的觸碰，得到觸覺的刺激。正確處理觸覺訊息的能力對我們而言是很重要的，它不只會影響身體知覺及情緒，對於課業學習、生活安全感、以及社交能力等方面的影響也很大。

◀ 溫暖觸覺也是帶給我們安全感的來源之一。

觸覺系統掌管的功能

1. 維持安全的保護反應

觸覺系統的主要工作是傳遞痛覺、溫度等與生存有關的感覺訊號，讓人在面臨危險時，可以快速反應。良好的觸覺系統可以讓孩子迅速地注意到這些感覺刺激，進而在腦中自動整合，並決策是要「迎戰」或「逃離」。這些保護反應產生的速度非常快，通常是在我們碰到危險還來不及思考的瞬間就已經完成。這種不需要意識察覺就能做出來的反應，可以保護我們自己免於受傷，像是不小心踏到地板上刺刺的東西，我們的腳馬上會在感覺踏到危險東西的瞬間就縮起來，而不會用力的踩下去，更不會等到腦部判斷踩到的是釘子或是石頭之後才縮腳。

2. 精緻的區辨能力

觸覺的另一個重要功能，是協助大腦判斷身體的哪個位置正在被碰觸，同時分辨出物體的形狀、質地、溫度……等訊息。這個功能可以讓孩子感受每一種不同的觸覺訊息所傳達的意義（例如：爸媽的親吻、爺爺的擁抱、被奶奶疼愛的摸頭……），然後在腦部將這些感覺訊息加以辨識整合，進而產生應對的動作（例如：開心的笑或用哭泣拒絕被觸碰）。這種觸覺的區辨能力更是與孩子的精細動作發展有著密不可分的關係，例如：手指靈巧度、剪刀操作、書寫能力等。

◀ 觸覺功能可以讓孩子感受每一種不同的觸覺訊息所傳達的意義。

觸覺系統運作不良的表現

就像之前提過的，感覺訊息輸入就像調整收音機的音量一樣，調得太高或太低都無法收聽愉快。觸覺系統反應過度敏感的小朋友對於一般正常的輸入也會引起過度反應，因此每天都比別的小孩承受更大的壓力，於是常有不必要的情緒問題，常生氣、容易哭，甚至上學焦慮等問題。反之，觸覺刺激反應過低的孩子，對刺激的接收不良，反應不足，因此無法應付日常生活所需，以致於常常搞不清狀況，甚至連自己搞得髒兮兮的也不自覺。

1.觸覺刺激的反應過度敏感

有些孩子的觸覺反應過度敏感，被家長親吻或是被一般的正常力道觸碰到時，就感覺不舒服，因此家長可以看到小孩不停揉搓被親吻或是被觸碰到的地方，好像要把那種不舒服的感覺搓掉一樣，甚至有些小朋友在有人要靠近他的時候，會趕緊把對方推開以避免被觸碰到。

當一個人有觸覺刺激「過度」敏感的問題時，不論是大人或小孩都會在生活上出現不少困擾。這類型的人，碰

到某些一般人認為沒有傷害性的觸覺刺激，也會引發對抗或是害怕得想逃走等激動的反應。這樣的孩子不喜歡玩會搞得髒兮兮的遊戲（如：烹飪、畫畫，或是一些需要用到粉筆或黏黏的膠帶等活動），某些特定的衣料會讓他們覺得特別不舒服，另外有些小朋友對襪子的接縫、襯衫領口處的標籤等等東西特別敏感，成天抱怨身上被磨擦得很痛。有些對觸覺刺激過度敏感的孩子，就算是在夏天也堅持要穿長袖長褲，因為他們討厭被別人觸碰的感覺；而有些同樣是對觸覺刺激過度敏感的孩子卻剛好相反，即使是在冬天也只肯穿著短袖短褲，因為他們覺得衣服在手臂和腿上磨擦的感覺令人難以忍受。

風大一點，對這些過度敏感的小朋友來說，也令人難以忍受，他們會變得比較焦慮、衝動，因為強風吹在皮膚上的感覺，對他們來說是非常不舒服的刺激。有些過度敏感的小朋友非常挑食，會想盡辦法逃避吃某些種類的食物，有些小朋友則只願意吃熱食或是冷食，溫度不對就不吃，家長常常為了他們的營養問題大傷腦筋。

這類型的孩子也不愛游泳、泡澡、刷牙或是洗臉，因為水潑在身上、牙刷在嘴裡動來動去，對他們來說，又是一種難以忍受的刺激。還有一件事是讓家長很頭痛的，就是這樣的小寶貝特別排斥剪頭髮，每次到了要剪頭髮的時候，簡直就像是世界大戰。要他們乖乖的坐著不哭，等理髮師把頭髮修剪完，往往要費上一番功夫。

(1) 家有緊張大師——觸覺防禦

就像保全系統一樣，人類的神經系統，也有各式各樣的警鈴，來提醒身體抵抗外來的威脅。皮膚是我們身上用來接受外界訊息輸入面積最大的感覺器官。因此觸覺系統在感受到有威脅的時候，會很迅速的發出訊號，警示身體展開防禦。

「過度敏感」的小朋友，常常在碰到一般人還可以接受的正常觸覺輸入（如：穿襪子、剪頭髮、洗臉）時便產生不舒服的感覺，如果小朋友把這些正常的感覺輸入，設定為需要展開防禦、排斥外來刺激，類似這樣不當的防禦反應，我們稱之為「觸覺防禦」。

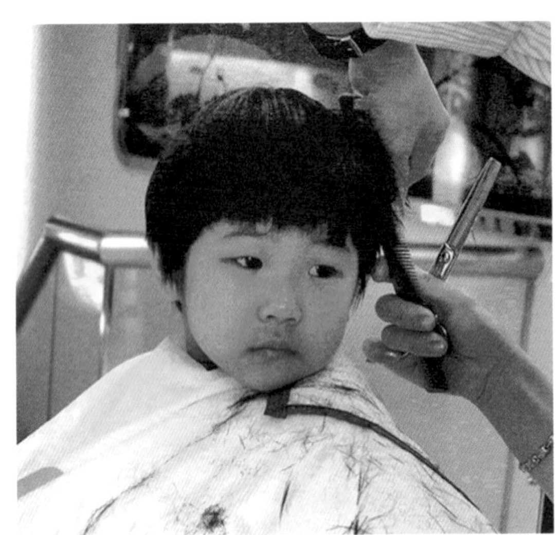

家有觸覺防禦小朋友的家長，每天光是要應付他這些過度敏感的反應，如剪頭髮時大哭、洗個頭也要用力的掙扎……等，就會讓人筋疲力竭。就像保全警鈴設定太敏感，即使是一隻小蟑螂爬過，也會使得鈴聲大作，令保全人員飛車到現場，處理根本不需要處理的狀況。這些孩子的神經也總是在處理一些不必要理會的刺激，以致於這類型的小朋友除了常有不必要的情緒反應之外，也很容易有分心或過動的情形，對小朋友的成長過程影響相當嚴重。

(2) 觸覺防禦的表現

1. 寧願穿熟悉的舊衣

許多這樣的小孩，喜歡穿著他已經習慣的長袖衣物來包住手臂，以減少被別人觸碰到的機會，甚至是在炎熱的夏天，也要穿著熟悉的薄外套。他也會盡可能的避免讓手摸到類似漿糊與手指畫塗料之類的東西，因為類似材質黏黏的、髒髒的感覺，會讓他們很不舒服。他們通常也很怕光腳走在沙地或草地上，甚至有些小朋友不喜

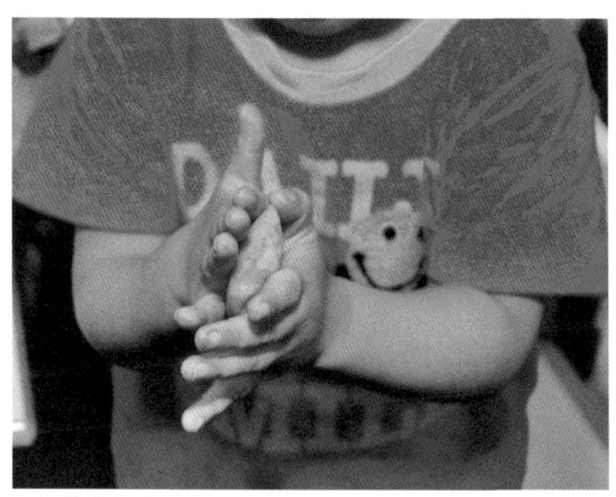

▲觸覺防禦的小孩不喜歡玩黏土、手指畫等會把手弄髒的活動。

歡讓別人幫他洗澡或不喜歡玩水。通常這些小朋友喜歡柔軟的棉質衣物，排斥毛衣或人造纖維的材質，有一些小朋友則會特別眷戀某幾件特定的舊衣服。

2. 社交人際關係緊張

雖然有觸覺防禦的孩子常會避免被觸碰，但是當他確定安全，尤其是有他喜歡的人在身邊時，他可能又會對觸覺輸入有比一般人更高的需求，因此一天到晚纏著家長要大力的擁抱。不過也有些小孩的神經系統敏感到連媽媽的擁抱輸入，都被當成是該防禦的刺激而加以排斥。有觸覺防禦問題的孩子在生活上老是狀況百出，他對觸覺的需求比一般孩子高，可是對於觸覺輸入又調節不良，所以舉凡親人握握他的手、撥撥他的頭髮等簡單友善動作，都會引起他的觸覺系統產生不舒服的感覺，於是加以排斥，因此親朋好友常常被他無禮的對待。久而久之，大家也不願意再跟他互動，所以這些小朋友在社交和人際關係方面的成長都不是很順利。

3. 不願排隊

有觸覺防禦問題的小朋友，很怕被別人從身後觸碰，或是無預警的被觸碰，所以這些孩子常找盡藉口不願意和別人一起排隊。家長和老師千萬不要認為這只是單純行為能力不良，要知道孩子是有生理上的問題才造成這些困擾，他們正無助的等著成熟的大人給予有效的幫忙。

4. 特別偏好或厭惡絨毛玩具

有些有觸覺防禦的孩子會拒絕一般小朋友愛玩的絨毛玩具。但是有些卻偏好從他覺得舒服的絨毛玩具或毛毯中，主動搜尋更大量的刺激輸入。能夠讓孩子覺得舒服的觸覺輸入，可以幫助調整觸覺系統，減少不必要的過度防禦引發的負面反應，家長不妨幫觸覺防禦的小寶貝準備一條「安全毛毯」或是小熊熊之類他熟悉喜歡的絨毛或布製玩具，那會讓他特別有安全感喔！

5. 影響學習及情緒

有觸覺防禦問題的神經系統，本身並不會妨礙智商的成長，但是因為這種狀況而產生的不安與過度干擾導致分心、過動，則會影響學習成效、情緒發展與人際互動。家長還有老師們，不要以為苦口婆心的告訴這些有觸覺防禦問題的孩子「別人沒有惡意，你不需要這樣生氣」就可以讓他的情緒變好。孩子的生理問題才是最迫切需要我們幫忙的。嚴格的行為要求，並不會讓問題消失，反而會讓孩子覺得有挫折及罪惡感。當孩子有觸覺防禦問題時，家長必須比別人更敏銳，並有更多的寬容和體諒。雖然光是愛他並不能有效解決這些孩子的問題，但愛他對他來說確實是很大的鼓勵，如果能夠針對問題完整的治療，孩子會進步得更快。要知道良好的情緒掌控和未來孩子學習的積極度及成就可是息息相關的，家長除了注意孩子的身高、體重成長之外，孩子的情緒也是不得不注意的重點喔！

▲絨毛玩具可以給某些觸覺防禦的小孩安全感。

觸覺反應過低或過高都是觸覺系統發展不良的表現，建議家長平常要多給予觸覺刺激的輸入，除了直接用觸覺刷刷身體（方法請見第七章）之外，也應該讓小寶貝多接觸各種不同材質的物品，此外，球池也是不錯的刺激喔！

2.觸覺刺激的反應過低

當孩子對於觸覺刺激反應的能力過低時，又會出現完全不一樣的麻煩。這類型的孩子老是愛東摸摸、西碰碰，不論是在家裡還是在學校或公共場所，總是要去摸摸別人或是碰一碰周遭環境裡的各種物品（例如去碰撞或觸碰別人，在家具或牆上到處亂摸，把玩其他孩子都知道不能碰的東西）。觸覺刺激反應能力過低的孩子，身體的知覺反應不良，要很用力的觸壓，他才能知覺到身體的哪個部分被觸碰到了。他們對於輕微的觸碰通常沒什麼反應，對疼痛好像也沒什麼知覺，所以常常會在不知不覺的狀況下受傷。對於剛剛還拿在手上的東西掉下來了，他似乎不容易察覺，所以明明前一分鐘才交給他的東

西，才回個頭他已經把它弄不見了。

觸覺刺激反應過低的人，常常給人不修邊幅的印象，有些人甚至會讓人有邋遢的感覺，因為他們不會去注意身上的衣服有沒有穿好；對於房間裡的溫度高低、髒亂程度通常也沒有什麼感覺；吃相不好，常常沒有知覺到自己臉上、嘴上、鼻子上是不是弄髒了；有些小朋友則總是愛咬一些不能吃的東西，例如：頭髮、衣袖、衣領、玩具和鉛筆等等。

這樣的孩子，會不經意的以肢體動作傷害其他人或是動物，因為他沒有辦法了解別人遭受到的疼痛。在學校裡總是因為不小心踩到同學、撞到同學而被告狀。他們還常莫名其妙的與別人發生小衝突，因為他們根本就沒有注意到自己已經在不知不覺中侵犯了別人的空間，當別人抱怨時，他還是一頭霧水，搞不清楚狀況。

當觸覺反應過低的孩子在參與刺激活動時，常常會忍不住一再觸碰那些有特殊材質表面的物體以得到強烈的觸覺刺激。家長不要誤會他，以為他是個故意搗蛋的小麻煩，事實上他只是在努力尋求觸覺系統接受刺激的機會而已。有一部分的孩子會特別喜歡會震動的東西，或是喜歡一些可以提供強烈感覺回饋刺激的物品（例如：喜歡特別辣或是很甜的食物）。就算已經超過兩歲，還是有部分小朋友停留在用嘴巴去嘗試各種物品的原始階段（嘴巴比手更能提供強烈的感覺訊息）。這些孩子在日常生活中的動作習慣，讓家長不由自主的覺得他奇怪，但是用盡方法，卻還是得不到令人滿意的改善。

多數觸覺反應不足的小朋友，還同時缺乏身體知覺的能力，他們在日常生活中，

▲對觸覺刺激反應過低的孩子，對自己臉上是不是弄髒了通常沒什麼感覺。

更是不斷的出現各種問題。他們對於察覺物品的物理特徵有困難（例如材質、形狀、大小、溫度與密度），所以單憑觸覺的刺激，無法讓他們清楚的辨識物品（例如：把手伸進口袋，無法分辨口袋裡的五元與十元銅板） ，而必須有視覺的協助才行，通常這樣的孩子為了要用眼睛看清楚周圍的狀況，他們寧可一直站著。因為常常搞不清楚身體的哪個部位在哪裡，或各部位間的相關位置，所以常可以看到他們在跳舞或做大會操的時候，動作比別人慢半拍，穿衣服的時候也是笨手笨腳的，老是搞不清楚手腳該怎麼互相配合才對。這些經驗讓孩子深受挫折，在需要肢體協調的活動中就顯得更退縮。

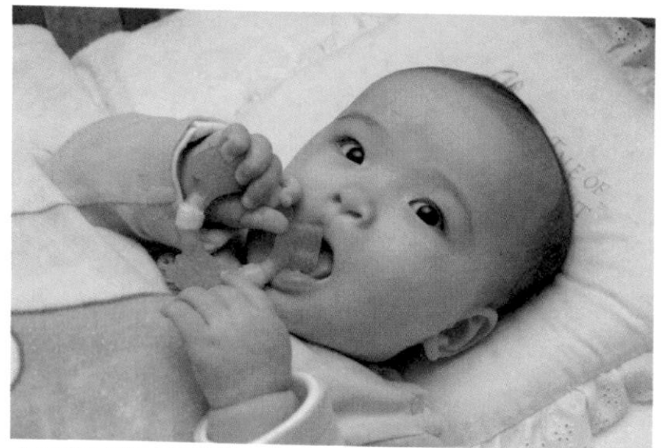

▲用嘴巴嘗試各種物品的習慣，應在兩歲之前就結束。

醫生的小叮嚀

如果小孩情緒很亂，可以讓小朋友到他熟悉的被子上滾一滾，或是抱抱他偏愛的絨毛或布製玩具。因為熟悉的觸覺輸入可以幫助小朋友在「極度混亂」的感覺系統找到方向，重新組織，情緒也會因此被整理好。

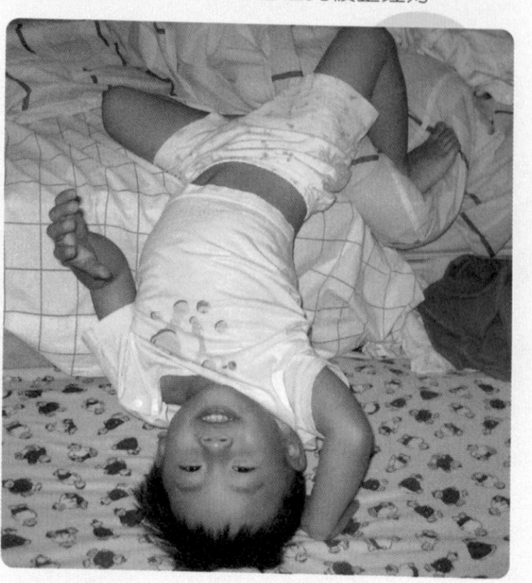

3.區辨知覺不足

有些家長會抱怨孩子總是沒辦法把釦子扣好、丟三落四老是找不到東西、勞作變成一團混亂，拼不出一個完整的作品、寫字握筆的動作怎麼教都教不會……等。其實這並不一定是孩子不專心或不認真，有可能是因為孩子的觸覺區辨知覺不足。

(1) 什麼是觸覺區辨知覺不足？

「觸覺區辨知覺不足」聽來好像很難理解，但實際上它的道理相當簡單。平常我們可以很自然的執行「拿鑰匙開門」的動作，可是如果戴著手套，拿鑰匙開門的動作就變得困難許多，這是因為人的觸覺被手套阻礙，導致區辨能力下降的結果。同

樣的，當孩子的觸覺區辨能力尚未發展成熟時，手指的靈巧能力自然也會受到限制。

(2) 觸覺區辨知覺不足的表現

觸覺的區辨能力不足，就好像戴著一雙厚厚的手套在手上，使得孩子無法正確的辨認自己手指操作的動作，因此需要靠大量的視覺來輔助才能把事情做好，例如：做勞作的時候如果沒有一直盯著看，就會把紙片拉斷、裝錯方向；沒有照鏡子或是低頭盯著看，就沒辦法把衣服的鈕釦扣對位置。

良好的觸覺區辨能力，可以協助兒童清楚辨認自己每隻手指的位置與動作，讓孩子在可以輕鬆的做到各種不同的手部操作，而不需要眼睛的協助。相反地，觸覺區辨不佳的兒童，往往就連模仿手勢都有困難，所以在各種精細操作表現上看起來有些笨拙，例如：當家長或老師在示範如何操作剪刀等工具時，小寶貝常常沒辦法模仿出正確的動作，自然就無法順利的把紙剪開。

此外，這些孩子在做勞作活動的時候，也會因為精細動作的操作不靈巧，而常常將東西打翻或弄得一團亂。這樣的孩子有時候會被誤認為不認真，實際上他最大的問題是無法有效率的控制手指動作與力量，所以沒辦法好好的把老師交待的操作方式執行出來，而不是他不專心或故意調皮搗蛋喔！

(3) 學業表現的影響

觸覺區辨能力的好壞與孩子執行每一個動作的效率有很大的關聯性。家長可以觀察一下孩子：如果要他伸手到口袋或書包裡拿個小彈珠，他需要將口袋裡的東西全都拿出來才能找到嗎？

當觸覺區辨能力不良的孩子被要求找書包或抽屜東西的時候，往往是他痛苦的開始。因為沒有用眼睛提供有效率的協助，加上觸覺區辨能力不良，他無法光靠著觸摸就找到他要的東西，因此不是要將東西全部翻出來找，就是索性回答你他沒有這個東西或是找不到。這樣的小孩很容易被誤解為粗心大意而被責罵，實際上這是因為觸覺區辨的能力不佳所造成的。

此外，觸覺區辨能力也會影響到孩子握筆寫字時的表現。握筆寫字對孩子來說是相當重要且困難的動作，除了要有良好的視覺接收、空間知覺、語言理解等能力之外，大腦還必須迅速處理手部的感覺訊息，搭配記憶中用手掌與手指抓握物品的經驗，然後正確組織這些訊息，才能讓手部肌肉做出正確抓握動作，進而移動鉛筆寫出正確的字形。觸覺知覺不良的兒童需要使用更多的視覺來協助手部的動作，因此往往需要花費更多時間來完成作業。當家長發現孩子玩黏土或寫作業時，動作總是慢吞吞，做出來的成果又總是一團亂時，就要注意孩子是否有觸覺知覺不良的問題囉！

醫生的小叮嚀

孩子的精細操作能力與觸覺區辨能力是否良好關係密切，可能會影響到他們日後在握筆寫字方面的表現，家長應該要特別注意。平常就應該多提供孩子觸覺經驗，讓孩子玩玩黏土、手指畫、沙堆裡找東西、球池遊戲等，對小寶貝的觸覺區辨能力都有很大的幫助。

Chapter 5 深度的感應——本體覺

有良好的本體覺，

才能有良好的動作，

讓我們在肢體操作上更有效率，

更讓我們對於自己的身體動作能力，

有充分的信心，

獲得充實的安全感。

什麼是本體覺？

本體覺是指我們感受到自己的姿勢、用力狀況、前進方向、還有身上每一個部位動作的能力，可說和我們的一舉一動息息相關。本體覺的感覺接受器分佈於肌肉、關節、韌帶、肌腱以及結締組織上，它提供各種訊息給腦部，讓我們知道身體各部位的詳細狀況，例如：肌肉是處在哪種伸展或收縮的狀態、關節是處在何種彎曲與伸直的角度等等。

總體來說，本體覺的功用，在於精確的提供肌肉關節等相關位置給腦部，以便讓腦部發出精準的動作指令，指揮身體做出正確的動作。有良好的本體覺，才能有良好的動作，也才能讓我們在肢體操作上更有效率，我們也因此可以順暢的走路、跑步、攀登階梯、提東西、跳躍、伸展與躺臥，而不至於動不動就跌倒、撞到、手腳不協調。良好的本體覺，能讓我們對於自己的身體動作能力，有充分的信心，獲得充實的安全感。

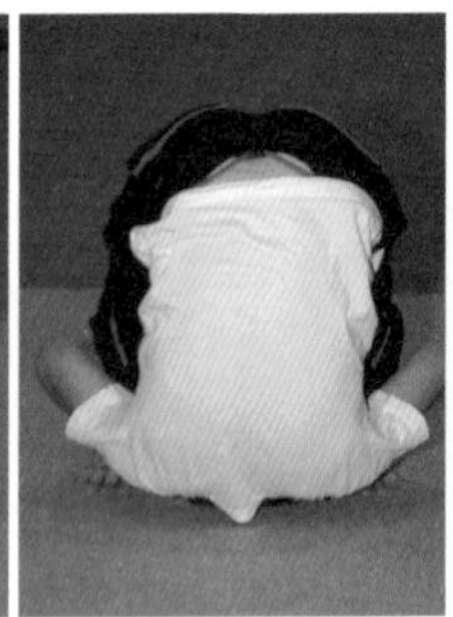
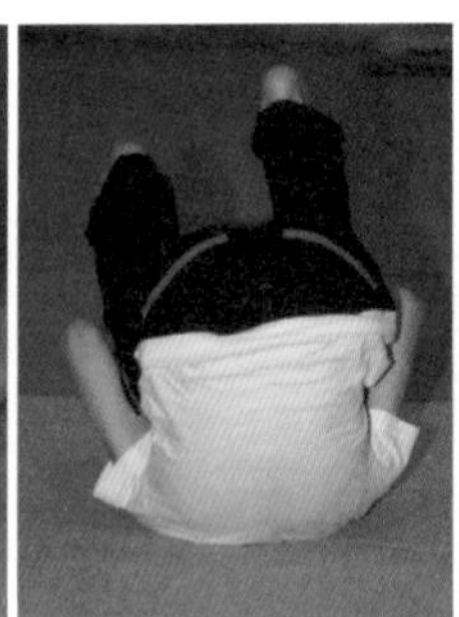
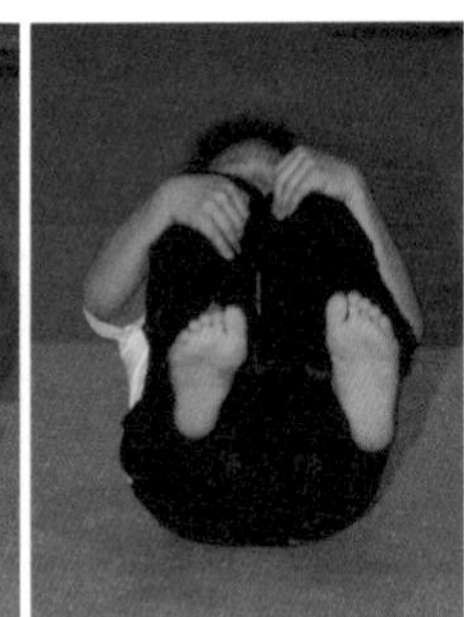

本體感覺掌管的功能

良好的本體感覺可以讓我們知道自己身體、四肢與四周環境間的相對位置，這個感覺功能的發展與孩子的動作學習有著密不可分的關係。本體感覺可以協助小寶貝們建立正確的「身體概念」，讓孩子正確了解自己身體各個部位，然後隨著年齡增長，從不斷的跌跌撞撞中逐漸發展出「動作計畫」能力。此外，動作表現是否良好對於孩子的自信心建立也有很大的影響，家長千萬不可以輕忽。

1. 建立身體概念

本體感覺所提供的訊息對於身體概念的建立是相當重要的。什麼是「身體概念」呢？它就像是在腦子裡建立一個身體的地圖，不需要用眼睛看，就可以知道自己的身體與手腳放在哪一個位置，並且可以適當地運用手腳，對於環境中的其他刺激做出適當的回應。當小寶貝在腦海中建立起良好的身體地圖時，他就可以清楚的分辨身體各個部位與周遭環境中各種物品之間的相對位置，例如：在跑步時他可以判斷出自己快要撞上椅子，因此他會自然地轉移行進方向，而不會一頭撞上椅子而讓自己受傷！通常讓小寶貝在唱遊活動中模仿各種動作，對建立身體概念是相當有幫助的活動。此外，還有一個大家小時候常玩的活動對於刺激小寶貝建立身體概念更是絕佳的練習，那就是「躲迷藏」，身體形象概念不好的孩子往往會將手腳露在外面而不自知，經由不斷的練習，他就能從遊戲中學會手腳該怎麼躲才不會被抓到。本體感覺在五歲左右的小寶貝身上發展得特別快速，這也是為何五歲左右的兒童那麼熱衷於「躲迷藏」的原因。

2. 培養動作計畫能力

在小寶貝發展出良好的身體概念後，也該同時發展出「動作計畫」能力。「動作計畫」是指孩子在面對一個沒有玩過的新遊戲時，可以藉由過去的經驗來組織、計劃，然後嘗試用自己想出來的方法來執行這個新遊戲中的動作。當孩子在嘗試一個新活動時，家長和老師們要給小寶貝足夠的時間去試誤學習，做錯了也沒關係，讓他們再來一次，並且從簡單的動作慢慢進步到複雜的操作，從熟悉的遊戲慢慢進步到勇於嘗試富有挑戰性的新遊戲。培養動作計劃能力的活動以「有規則」的團體遊戲最佳，例如：跳房子、紅綠燈、一二三木頭人等。家長可以在週末假日帶著小寶貝一起玩，說不定您家中的小寶貝已經比家長厲害了。

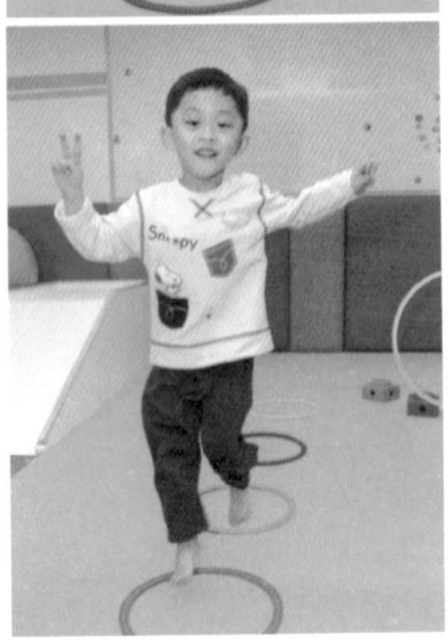

3. 與自信心的關聯

小朋友在幼稚園生活中，最重要的是學會自我照顧與在各種活動中表現自己，因此如果孩子在動作學習上比同年齡的小朋友慢，往往會讓他感到挫折。特別是大班與小學年紀的孩子，他們比在小班的時候有更多團體活動的機會，動作能力較差的孩子往往會最後被選上，比賽時也常常輸給其他小朋友，長期下來可能會傷害兒童的自信心，讓他變得畏縮，甚至排斥團體活動。因此家長必須時時注意小寶貝的動作表現，多給他一些時間準備、練習，孩子就能在每一次的成功經驗中建立自信。這是家長不能忽略的重要關鍵喔！

本體覺整合不良的表現

本體覺的發展整合不良很容易就被大人忽略。因為這些孩子在不複雜的或是有人示範的小動作中，通常都能跟著大家一起做，只是在動作上會稍微慢了些。但是如果大人用心一點，一定不難發現如果沒有別人可以協助示範，要他獨力完成一連串的操作，對他來說可就是件麻煩事了。本體感覺是否良好，對於兒童動作發展與自信心的建立相當重要，父母千萬不可以忽略。

本體覺整合不良的小朋友通常會有下列的現象，家長在日常生活中要多加觀察，以便及早介入，給予小朋友適當的訓練。

1. 身體概念不佳

當孩子無法清楚了解自己的身體與環境間的相對位置，就會很容易發生碰撞的意外，在動作模仿與學習上更是顯得吃力。小寶貝們還常常會因為要避免犯錯的尷尬所以過度小心，因此在遊戲或日常操作中，動作往往會比較慢，但是就因為他的動作比別人慢，容易受到同學的嘲笑，所以顯得特別內向或害羞。這樣的小朋友常常會有下面的表現。

父母必須知道孩子並不是不用心，也不是他故意做得慢，而是因為他的身體概念發展比較弱，所以對一般孩子來說很快就能反應過來的刺激，在他身上則需要多一點時間去執行。只是一味抱怨孩子不小心，或要求他做快一點是沒有幫助的，應該要提供孩子更多的本體感覺經驗來協助他身體概念的發展，如此才能有正面的幫助。此外，這些孩子通常比較沒有自信心，所以家長要增加正面的鼓勵才是！

2. 動作計畫能力不佳

動作計畫能力不佳的孩子在組織與計畫一個有順序性的動作時常發生困難，因此對於新的活動無法順利的執行。在動作模仿時往往會搞錯先後的順序而不自覺，因此需要更多練習機會。這些小朋友多半不願意嘗試新的活動，有時當環境稍有一點改變時，他就會變得固執而且堅持，說什麼都不願意接受新的改變。這樣的孩子常常會有下面的表現。

動作計畫不良的兒童，通常前庭神經及觸覺神經也會有發展不良的問題，因此他們對自己身體各個部位的知覺及掌握也相對偏弱。如果懷疑孩子有本體覺發展不良的現象，建議家長要及早請教專業人士，為孩子訂定訓練計畫，千萬別讓孩子在人生的起跑點上就頻頻出錯，使他們的自信心受打擊喔！

表十二 身體概念不佳 的表現

- □ 1. **常常摔跤或是被絆倒**，甚至撞到桌椅或人。
- □ 2. **肌肉耐力不佳**，很容易感到疲累。
- □ 3. **分不清楚怎麼保持人和人之間的禮貌距離**，常讓別人有被侵犯的感覺。
- □ 4. **如果不用眼睛看，可能會連平常做慣了的事都做不好**，例如穿衣服、褲子等。
- □ 5. **沒辦法靈巧的操作髮夾、日常用品、文具用品等等**，常把東西搞壞。
- □ 6. **活像個意外專家**。老是會出一些小意外，比如吃早餐時常常會不小心撞倒牛奶，灑得到處都是。
- □ 7. **總是會做出一些可以提供自己的身體大量刺激回饋的動作**，例如：拖著腳步走路、喜歡跪坐著、動不動就做用力伸展手腳的動作、戳自己的臉頰、拉自己的手指、把關節弄得喀啦喀啦響等等。

表十二 動作計畫能力不佳 的表現

□ 1. **動作僵硬、不協調**，甚至有些笨拙。

□ 2. **對於不熟悉而且複雜的動作有學習操作上的困難**，例如第一次盪鞦韆。

□ 3. **在唱遊時動作常常慢一拍或記不得動作。**

□ 4. **在玩球類活動時，無法準確的接住彈跳的球，或是容易被球打到。**

□ 5. **在過馬路的時候會感到恐懼而不敢過去，或是抓不到正確的時間通過馬路**而讓父母嚇出一身冷汗。

□ 6. **自助的能力很差**，沒辦法由自己主動開始做事，需要其他人的協助才能進入狀況。

□ 7. **對於大人的決定經常頑強不配合**，因為他的神經系統沒辦法快速適應改變，所以他老是希望所有的事都按照他的方式進行。

動作協調發展里程碑

隨著正常的本體覺發展，孩子會自然而然的發展出該年齡層應有的協調能力。以下我們列出了從六個月到十歲之間，大部分同齡的孩子不經由刻意的訓練就應該可以做到的一些操作供家長參考。一般來說孩子們都可以在「足齡」或更早之前，就把大部份該年齡層的標準做得很好。如果你家的小寶貝在外觀上看起來沒什麼問題，但是在操作下列所述同年齡該會的動作技巧時有困難，他可能就有本體覺發展不良導致動作協調能力落後的問題，家長應該要多多注意才行。

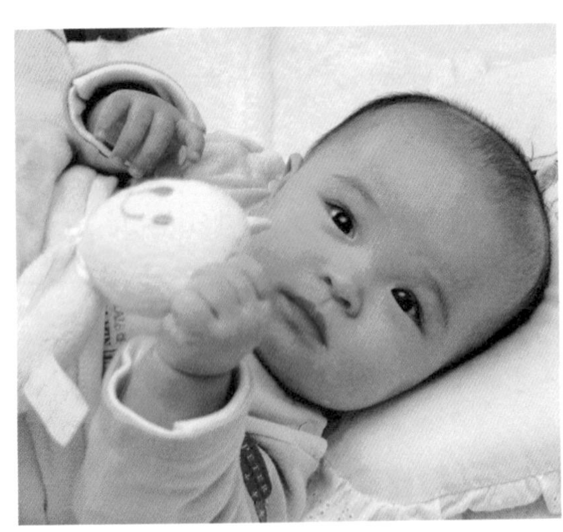

・六個月

這時小寶寶的肌肉，已經可以依照自己的意思，做出來回揮舞的動作，所以當家長把小手鈴拿給他，寶寶就可以搖出清脆的聲音囉！

・一歲

一歲的寶寶已經開始會操作使用一些東西，而不只是推或拖著這些玩具轉來轉去，例如他們會試著把東西拆開、把一個物品放到另一個容器裡、把兩個東西碰撞在一起讓它們發出聲音。多數寶寶在這個時候也已經會走路了（走路的能力在一歲一個月之前發展出來都算正常，超過這個年齡才發展出來就要多注意了）。

・兩歲

這個時候家長只需要幫孩子把食物放進碗盤中，他就會自己拿著湯匙有模有樣的吃起來。他也會用雙手握住杯子，而且能用杯子喝水，不會灑得到處都是。偶然拿到筆也會塗塗抹抹，雖然還畫不出個完整的圖，至少已經會「用筆畫出痕跡」囉！

・三歲

三歲的孩子什麼都愛自己做，不管做得好不好，就是愛動手。他應該要會自己把糖果紙打開、會使用叉子叉起食物、洗完手會用毛巾或擦手紙把手擦乾、還應該會自己穿脫不需要扣釦子或綁帶子的外套和裙子。

・四歲

四歲是孩子的「工具年」，他的身體協調能力越來越好，開始會使用小工具來做出他想做的東西。拿剪刀剪東西、幫媽咪倒茶、扣大釦子、自己洗手、跳來跳去等等動作對四歲的寶貝來說，是很輕鬆就可以完成的工作。這時候的孩子，成天在桌椅、箱子的上、下、裡、外爬上爬下或鑽進鑽出，兩隻小腳蹦蹦跳，是很正常的事，家長可別一忙就失去耐性喔！

‧五歲

五歲的孩子可以做到的事，常常會讓家長覺得很驕傲。這時的小寶貝真的很「讚」，他已經會自己穿好衣服鞋襪（除了綁鞋帶）、上完廁所會自己擦拭、幼稚園裡剪貼的勞作也難不倒他、而且可以用筆畫出「十」字，真是厲害得不得了喔！

・六歲

此時要準備進小學，小寶貝這時候已經有能力寫出自己的名字了，雖然不見得寫得很整齊漂亮，但一筆一畫寫得有模有樣是做得到的。畫著色簿的時候，也可以做較精準的操作，不會一直把顏色塗到界線外，當然這時候要使用鉛筆後面的橡皮擦，也難不倒他了。

・七歲

對七歲大的孩子來說，要自己洗澡應該難不倒他。他也會用螺絲起子、鉗子和鐵鎚等常用的工具，只是動作還不熟練。吃土司的時候，他會自己用餐刀把奶油塗好。還有最重要的一件事是，他已經不用家長幫忙就會綁蝴蝶結囉！

・八歲

隨著精細動作與動作計劃能力的日益成熟，孩子到了八歲左右，手部精細動作已經能使用大多數的文具，如迴紋針、大頭針與文件夾等，來幫助自己整理東西。書寫的流暢度提升，是八歲的孩子很重要的進步。還有個很重要的運動能力——「跳繩」，此時應該能輕易的做到了。

・九歲

九歲左右的孩子在生活自理與工具使用上的能力，應該都非常純熟了。他會用餐刀切食物、筷子可以拿得很穩、可以很順手的使用鐵鎚、螺絲起子和鉗子等一般家庭用的工具。

・十歲

除了外出工作賺錢，十歲孩子的生活自理能力可不會輸給大人喔！他應該能順利的把蛋殼敲破，除了倒出裡面的蛋白和蛋黃，還要能把蛋白和蛋黃分開。較複雜的摺紙（如：紙船）這時候也難不倒他了。甚至用刀子削蘋果，也是輕而易舉的事！

醫生的小叮嚀

生活自理需要的協調能力，一般都不需經由特別的訓練，只要隨著正常的本體覺發展，在該年齡層就能很自然的做到。家長要注意不要在忙碌的生活中不知不覺就幫孩子把事情都做完了，以致於孩子沒有操作的機會。但是如果孩子需要很「用力」訓練才能完成某些同年齡小朋友很輕易就能掌握的動作（如跳繩）時，家長一定要注意孩子的本體覺發展。有些小朋友甚至同時有前庭系統發展不良的問題。

Chapter

6 聽、視、嗅、味覺

前面幾個章節中，

我們介紹了幾個

最基本的感覺神經系統，

它們經由不斷的交互比對，

進而相互整合，

可說是感覺神經的初級統合。

當然也不要忘了聽、視、嗅、味覺

也需要同時加以整合。

check 1 聽覺功能

聽覺功能統合不良的小朋友常會「有聽沒有到」，嚴重一點的還會有認知理解的問題。家長趕快按照下列的檢查表來檢測一下家中的小寶貝，看看小寶貝有沒有相關的問題。

表十二 聽覺功能統合 檢查表

☐ 1. **聲音來源分辨困難**：好像沒辦法單純藉由聽覺來辨識聲音的來源與方向，總是要轉頭到處看來看去，才能找出聲音是從哪來的。

☐ 2. **聲音內容區辨困難**：在區辨聲音的內容上有困難，例如無法區別「幫」與「搬」或是「今天」與「晴天」有什麼不一樣。

☐ 3. **難以專注**：無法專注於聆聽某個聲音，總是會被其它聲響干擾。例如：上課時只要教室裡有其它聲音，就無法專注於老師的上課內容。

☐ 4. **聲音耐受力低**：常苦於噪音的困擾，例如突然的巨大聲響、金屬敲擊的聲音、高頻率的噪音等等。某些不會對一般人造成影響的聲音（例如：餐廳裡隔壁桌正常的談話聲），也會讓他很苦惱。

☐ 5. **聽理解力差**：沒辦法了解或記憶他所聽到的訊息。可能會常常誤解別人所講的內容、常常要求對方重新說一次、通常一次只能執行一個或兩個連續的指令，多了就會記不得。

☐ 6. **自信心不足**：對自己聽到的內容沒有把握，因此在回答別人或做反應前會先看看別人的反應。

☐ 7. **表達想法困難**：對於要將自己的想法說出來有困難。例如：想表達「我覺得今天學校的午餐中，玉米濃湯最美味」，可能說成「那個湯我愛吃」。

☐ 8. **抓不到談話的主題**：有時無法感受他人談話的重點，例如：當別人正在討論畢業旅行事項，他會自顧自的講起他的寵物。

☐ 9. **回答不切題**：和別人談話時，無法針對別人的問題做出適當的反應，例如當被問道：「你早餐吃些什麼？」他會回答：「我平常最愛吃薯條。」

☐ 10. **正確表達困難**：沒辦法把自己所敘述的內容再加以修正，以便讓別人聽得懂。

☐ 11. **語言學習不良**：懂得的字彙量偏少，有時沒辦法使用正確的文法、語句。例如：「因為今天下雨，所以要帶傘」，可能說成「要帶傘，所以下雨」。

☐ 12. **無法大聲朗讀**：排斥需要大聲朗讀的活動。

☐ 13. **音調不良**：節奏感和音感都偏弱，很難跟上旋律。

☐ 14. **構音不良**：講話不清楚，沒辦法正確的發音咬字。

如果家中的小寶貝在日常生活中，有1～3個表現符合以上的檢查項目，家長尚不須太過緊張，只要多加注意，並且給予相關刺激，未來幾週內認真觀察小寶貝有沒有慢慢改善即可。

如果小寶貝日常表現符合的項目超過3個，請家長千萬不要等閒視之，應該向專業人士求助，為小寶貝安排進一步的檢查與訓練活動喔！

聽到聲音，還要能「聽懂聲音的意義」

「聽力」是指接收聲音的能力，我們從出生就有這項基本能力，不論我們要不要聽，聲音就是會自動傳進耳朵裡，這樣的能力並不須靠學習。但是有聽到聲音的能力，並不一定代表聽得懂聲音所代表的「意義」。出生後，腦部會將從耳朵傳進來的訊息，經由一次又一次的學習，並且和其他感覺神經相互整合，於是對於聲音的理解力會越來越成熟，進而慢慢發展出精確的聽覺訊息處理能力。也就是說有良好的聽覺統合，孩子才能正確的聽到並理解輸入的訊息，也唯有如此，才能順利執行聽到的指令。

聽覺系統能不能正常的運作，除了與本身器官是否正常有關之外，還受到前庭系統發展是否良好的影響。當孩子還很小的時候，如果周遭的聲量太大，前庭系統會幫忙，讓腦部發出要孩子表現嫌惡表情或哭鬧的指令，家長就知道這個聲音孩子不喜歡。一般來說，正常環境中的說話、開

關門、看電視、聽音樂等等聲音，尚不至於讓人覺得不舒服，必要的時候，前庭神經會介入幫忙，讓腦部主動忽略掉某些聲音訊息，好讓我們能專注的做好一件事。

但對某些孩子來說，他的聽覺過度敏感到連一些正常的聲響，都會引起他劇烈的反應，他的前庭系統又不能適時的調節，讓他忽略這些聲音刺激，於是他覺得非常不舒服，隨時都覺得周遭很嘈雜，無法專注。這樣的孩子多半會表現出焦躁不安、易怒、退縮的行為，有些則可能會產生越來越強的攻擊性。有一些孩子則有聽覺接收不良的困難，對於大人給的指令常常未加以分析整合就不見了，於是老是出現媽媽叫了好幾次都沒反應，最後大人生氣了大聲叫喊，才看見孩子一臉無辜的樣子，彷彿對之前的指令一無所知。其實他們的大腦也因為聽覺整合不良而沒收到輸入的訊息，所以家長要記得給予這類小朋友指令後，如果孩子沒有反應，可以用手拍拍他們的肩膀，利用體知覺的輸入來強化聽覺的輸入，這樣他們就能順利的聽到指令並且加以執行了。

如果家長能夠及早注意到孩子在聽覺方面的反應是否出現異常，及早接受訓練與治療，不只不會延誤孩子未來的語言及知識學習，對於孩子的人際發展、自信建立更是有莫大的幫助。

醫生的小叮嚀

許多小朋友在大量的肢體活動後，語言表達量會明顯增加，因此家長不要只顧著讓孩子看書，而忽略小寶貝的體能活動喔！此外，在聽覺的發展上，如果兒童有反覆性中耳炎或內耳積水的病史，家長就要特別注意兒童的聽力問題，如果出現了早期的語言發展遲緩，一定要儘早讓孩子接受聽力的檢查與治療。

check 2 視覺功能

在了解聽覺功能統合的重要性之後，我們接著要來了解視覺功能統合在孩子的生活中所扮演的角色。首先我們還是要請家長按照下列的檢查表來檢測一下，看看寶貝是不是有視覺相關感覺統合不良的問題。

表十四 視覺功能統合 檢查表

- ☐ 1. **移動視線的過程有困難**：從一個焦點移動到另一個焦點有困難，例如無法從盯著黑板的狀態，正確的把視線移動到自己的筆記本上，在跨頁閱讀的時候，必須轉動頭部或是歪著頭看。
- ☐ 2. **瞇著眼睛看東西**：因為腦部無法快速過濾掉不重要的視覺訊息，因此看東西時常常瞇著眼睛來幫忙減少不必要的視覺輸入，也很愛閉上或是遮住一隻眼睛。
- ☐ 3. **容易看到重疊的影像**：因為視覺整合不良，所以聚焦功能也偏弱，容易看到重疊的影像。
- ☐ 4. **視覺範圍窄**：例如班上的團體活動時間，無法使用餘光看到老師，一定要轉動頭部或身體。
- ☐ 5. **無法好好的盯住正在移動中的物體**：例如看球賽的時候，老是把球跟丟了。
- ☐ 6. **無法順著一個方向，很平順的移動視線**：例如看書時，很難從頭到尾把一行字看完，再看下一行，看著看著不是跳字就是跳行。
- ☐ 7. **不喜歡閱讀**：通常不愛閱讀，或是很快就失去耐性。
- ☐ 8. **視覺區辨不良**：通常看不出較小的差異，例如：玩「找碴」這種遊戲時，有明顯的障礙，總是找不出兩張圖有什麼不同的地方。兩個相似的符號也常會讓他搞混，例如：不注意時很容易就把「ㄅ」和「ㄎ」搞混。
- ☐ 9. **寫字漏東漏西**：寫字時常常會漏掉筆劃，寫一串數字時也會少掉幾個。

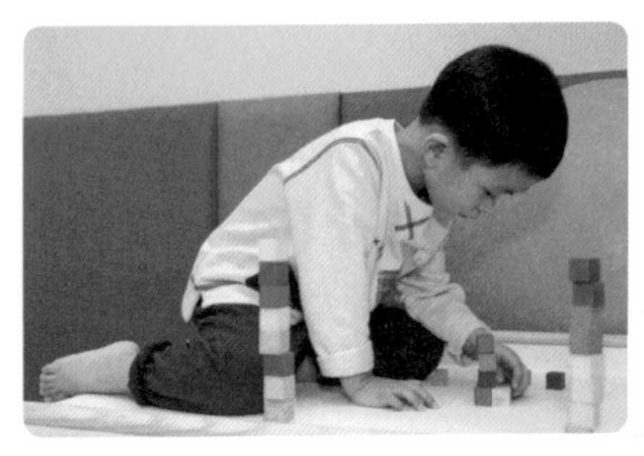

□ 10. **寫字不整齊**：學校的作業裡，如果有要求要區分字體大小、要對齊書寫距離的，通常他都沒辦法做好。通常很難把一行字寫整齊，不是越寫越高就是越寫越低，有時寫著寫著就歪到格子外頭去。

□ 11. **精細動作操作不良**：在操作與視覺有關的精細動作時，會出現困難，例如拼拼圖或是剪紙。

□ 12. **經常撞到東西**：常誤判周圍環境中物品的相對距離，所以常常會不小心一頭撞上家具。

□ 13. **容易迷路**：方向感很差，常會迷路。

□ 14. **想像能力差**：在閱讀的時候，沒辦法想像出他正在讀的東西的形象，也就是說他可能無法把語言和實體聯想在一起。

□ 15. **視覺輸入混亂**：受不了眼前有東西或是人一直不停移動，所以在熱鬧的人群中，可能會讓他覺得很不舒服。

□ 16. **耐力差**：在學校裡看黑板上課時，很容易就感到疲累。

□ 17. **排斥活動**：逃避參與班上的活動，特別是那種需要速度感的團體遊戲。

如果家中的小寶貝在日常生活中，有1~3個表現符合以上的檢查項目，家長尚不需要太過緊張，只需要多加注意，並且給予相關刺激，未來幾週內認真觀察小寶貝有沒有慢慢的改善就可以了；如果小寶貝日常表現符合的項目超過3個，請家長千萬不要等閒視之，應該要向專業人士求助，為小寶貝安排進一步的檢查與訓練活動喔！

看見東西，還要能「認識並解讀所見到的」

視覺是一種複雜的操作歷程，良好的視覺功能讓我們可以辨識影像，當有物體朝我們移動過來時，也才能察覺並且準備因應。也就是說，視覺包含的意義，除了能夠「看見」東西的能力之外，還包括「認識並正確解讀」看到的東西的能力。

隨著孩子漸漸長大，身體的功能也越來越成熟，他會慢慢把視覺接收到的經驗和其它感覺神經（尤其是前庭神經）的輸入整合在一起，進而發展出精緻的視覺，也就是說孩子可以順利的看到東西、感覺出物品的正確大小、距離，最重要的是當環境或肢體動作變動時，視覺仍然能保持穩定，以因應不同的變化。

對顏色與光線的敏感度，常讓我們聯想到藝術能力的優異，但是對於視覺訊息解讀不良的寶貝來說，稍微亮一點點就讓他覺得頭疼，太暗又讓他感到害怕，某些顏色甚至會讓他產生不舒服的反應，除此之外，視覺能力統合不良的小朋友在視覺追視及穩定上表現較差，常常會發生在看球賽的時候找不到球、看書跳行跳字等現象。

良好的視覺統合，才能幫助小朋友在正常的環境中快樂的學習、閱讀及參與團體活動，所以是值得家長重視的一項重要能力喔！

▲孩子對光線及顏色的變換要有一定程度的適應性，否則會產生不舒服的反應。

醫生的小叮嚀

如果家長發現小寶貝的眼球追視功能不佳，需要先找眼科醫師檢查確認小孩有沒有弱視、近視或遠視的問題，因為前庭功能不佳或視力問題皆可能導致眼球追蹤與視覺穩定性不足，盡早加強訓練或治療才不會讓這個「看起來很小」的問題演變成阻礙孩子日後學習的大麻煩喔！

Check 3 嗅味覺功能

嗅覺與味覺之間有著密不可分的關係，除了影響到我們每日的飲食、營養的攝取之外，它們還在一個人對情境的記憶中扮演著重要的角色。家長可以按照下列簡單的檢查表來確認孩子是否有嗅味覺功能上的問題：

表十五 嗅味覺功能 檢查表

- □ 1. **排斥某些味道或食物**：對某些味道反應過度敏感，可能會討厭某些特定種類、味道或溫度的食物。
- □ 2. **容易作嘔**：在吃東西的時候，比一般小朋友容易有作嘔的狀況發生。
- □ 3. **追求錯誤的嗅味覺刺激**：常會去聞、去舔或是嚐某些不能吃的東西，例如泥巴或黏 土。
- □ 4. **重口味**：可能會很喜歡特別辣或是口味特別重的食物。

在這幾個項目中，如果孩子只是偶一為之，家長可以盡量在生活中加以引導修正，例如：口語上提醒寶貝「這個玩具吃下去會肚子痛，不能吃喔！」，或是「要吃小口一點，吃太大口會噎到」；也可以多讓孩子從少量開始，嘗試各種不同口味的食物，讓孩子習慣各種不同的味道。但是如果孩子在這些檢測的項目中，有任何一項或以上總是不斷重覆發生，家長可不能等閒視之，應該主動尋求專業人士的協助，幫助孩子改善嗅味覺功能不良的問題。

嗅覺判斷正常，才有「好的飲食習慣及營養攝取」

現今生活中，嗅覺的重要性已和遠古時代大不相同。幾百萬年前，人類得非常依賴嗅覺功能才能維生。隨著生活越來越進步，嗅覺在求生過程中的價值降低了，反而視覺與聽覺變得越來越重要。但是嗅覺在建立記憶與尋找記憶的功能上，還是扮演著無可取代的角色，當我們聞到某種味道時，嗅覺刺激可以直達我們大腦中的邊緣系統，因此可以直接喚起舊記憶，比如媽媽滷肉的香味，可以讓我們的腦海中馬上浮現童年的記憶，想起曾經住過的老房子，這可是其它感覺器官無法取代的重要能力喔！除此之外，我們對於熟悉味道的反應幾乎是立即的，例如香味四溢的烤雞，可以立即引起我們的食慾，很想大塊朵頤一番。對於不熟悉的氣味，我們的反應也很快。就算以前不曾聞過的味道，只要是讓人討厭的氣味（例如：爛掉的食物、刺鼻的化學藥品味道），我們會在這種味道出現時，馬上有警覺，知道這些味道對我們的身體有害，因此會趕快走開。

▲香味四溢的食物，能立即引起我們的食慾，令人想大塊朵頤一番。

除了嗅覺之外，良好的味覺為我們的生存，也提供了許多不可或缺的訊息，也就是說藉由味覺的訊息輸入，腦部可以判斷該執行的事項，例如：吃到發酸的食物，就知道已經壞掉，不可以繼續吃了！

嗅覺與味覺是兩個相輔相成的感官知覺。事實上有百分之七十五的味覺會受到嗅覺的影響，所以重感冒鼻塞的時候，一般人都沒有什麼食慾，因為聞起來沒味道的食物，感覺也不會好吃到哪去，於是連吃的慾望也降低了。

感覺統合不良會影響到嗅覺與味覺的判斷。嗅覺與味覺的遲鈍或過度敏感，常會

▲家長應鼓勵小孩嘗試各種味道的食物，不要只是一味配合孩子的口味。

干擾孩子的飲食習慣與營養攝取。嗅覺反應過度敏感的孩子，對於一般孩子可以接受的正常味道，常常會反應過度，進而討厭某些氣味，例如：有些小孩無法接受鳳梨的味道。這些小朋友常會因為討厭某些味道，進而厭惡很多食物，導致嚴重的偏食。而嗅覺反應不良的孩子們，對於不好聞的氣味則反應不佳，或者是完全忽略這些氣味，例如：完全不介意臭臭的垃圾，對於髒亂的環境也無動於衷，因此會不懂得避開某些對身體不好的環境。

嗅、味覺的正常發展和小寶貝的成長息息相關，特別是飲食習慣，唯有良好均衡的飲食攝取，才不會導致後續其它發展不良的情形，家長應該從小就注意孩子的飲食習慣，鼓勵孩子吃各種不同口味的食物，不要只是一味配合孩子的口味，而疏忽了孩子的營養，這樣寶貝才能長得頭好壯壯！

醫生的小叮嚀

小寶貝挑食的問題不全然是他不喜歡食物的味道，還需要考慮到食物質地，也就是觸覺。嬰兒在四到六個月就可以開始給予副食品，兩歲前應盡量提供多樣的食物，以降低兒童日後出現挑食問題的機率。

Chapter

7 感覺統合遊戲在家做

除了帶孩子接受專業人員的
檢測與協助之外，
在家也可以利用一些有趣的小活動，
針對孩子的不足或過度敏感
提供適當的刺激，
以幫助孩子的各種感覺系統
做充足的整合練習。

經過這麼多的介紹與分析，相信家長們已經對「感覺統合」有了更深一層的了解。不過，光是知道還是不夠的，當一個孩子在一般日常生活中，無法得到足夠的刺激來發展感覺統合能力，或是本身無法正確的接收與處理環境訊息時，家長就應該適時提供協助。除了帶孩子接受專業人員的檢測與協助之外，在家也可以利用一些有趣的小活動，針對孩子的不足或過度敏感提供適當的刺激，以幫助孩子的各種感覺系統做充足的整合練習，進而激發孩子更多被隱藏住的潛能。

話說回來，「感覺統合」顧名思義就是要將各種感官知覺所接收到的訊息加以整合，本來就不是針對單一個感官知覺所能訓練得來的。在日常生活中，孩子往往可以從某一個遊戲中，同時獲得前庭覺、本體覺、觸覺，甚至是視、聽、嗅、味覺等刺激，這樣孩子的腦部才能有足量的訊息可供分析與整合。但是一般家長畢竟不是專業的人員，所以我們在本書中還是依照遊戲所提供的主要刺激項目來加以分類，提供每個感覺器官3至5個訓練方式，家長也可以依照提供的遊戲方式加以自由發揮，給予孩子更多遊戲的樂趣。希望每個孩子都能在家中，就得到最多的刺激，把潛力發揮出來，成為最棒的聰敏兒。

check 1 前庭覺小遊戲

任何有加速度的活動，都能刺激前庭神經接受器，所以有關擺盪、俯衝、平行滑動的遊戲都是很好的刺激活動。例如：盪鞦韆、溜滑梯、滑板車、直排輪、翻筋斗……等等。

1.小飛機

父母可以平躺在床或沙發上，讓孩子趴在父母的小腿上，然後由父母抬起雙腿前後左右搖晃，讓小寶貝像小飛機一樣做出飛翔的姿勢。同樣的姿勢也可以讓寶貝趴臥在大龍球或是由抱枕堆起的枕頭堆上，由家長扶著寶貝的腰，前後左右搖動。

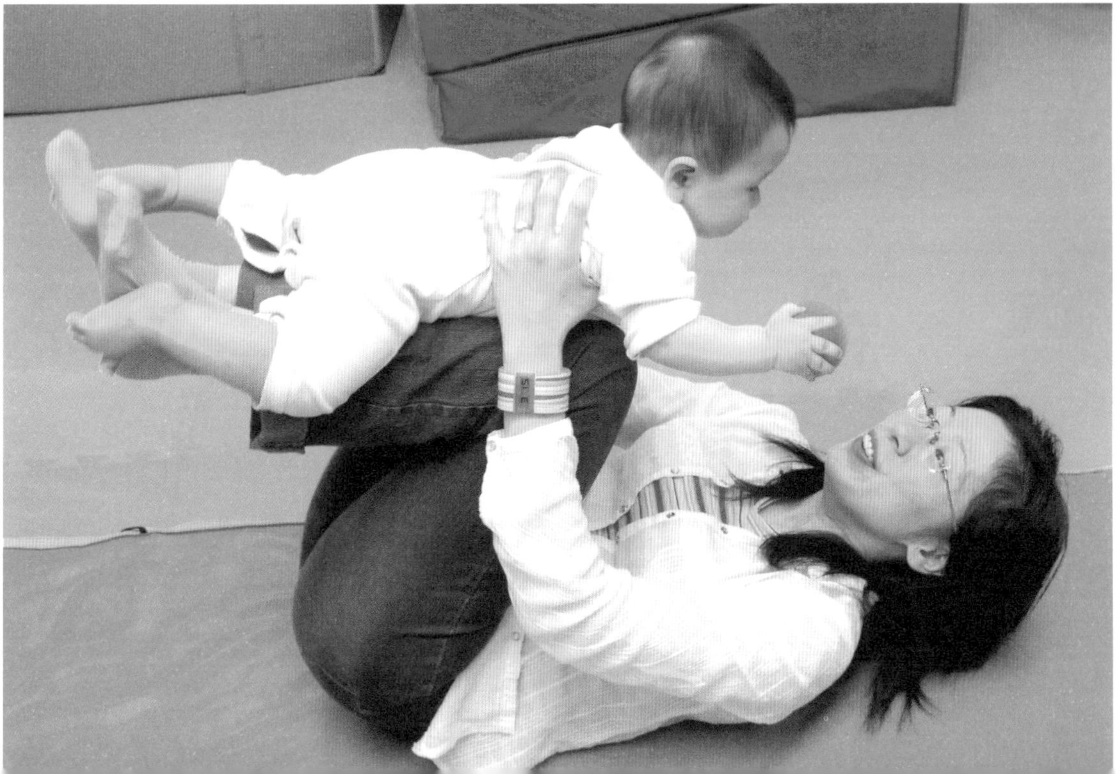

2. 滑板

滑板是由一塊木製平板和四個輪子所組成，可以自由的滑動與旋轉。滑板的大小足以支撐孩子的身體軀幹部位，當孩子趴在上面時，頭、前胸、腿可以抬離。板子上可以用墊子包覆，躺在上面才不會不舒服。孩子通常以趴臥的姿勢趴在滑板上，然後從斜坡上向下俯衝，**在往下衝的同時，前庭接受器接收到大量的訊號後，會帶出瞬間反射讓全身肌肉（特別是頭頸部）大量收縮，雙手雙腳也會抬高用以對抗重力。**如果沒有斜坡，趴在滑板車上滑來滑去，也是很有挑戰性、很有趣的活動。

3. 飛天熱狗

如果您曾經帶著孩子參加過感覺統合的遊戲課程，或是曾經參觀過感覺統合的治療教室，一定對那個提供前庭刺激的擺盪遊戲器材印象深刻。它比一般鞦韆大很多，除了乘坐還可以讓孩子趴在上頭，緊緊抱住的大熱狗，總是讓孩子玩到忘了回家。它的形式還有直立式的，讓孩子可以憑著自己的力量，抱在柱子上擺盪，**這樣的活動，除了能對孩子前庭系統提供充足的刺激之外，還對孩子的肌肉張力與協調性有很大的幫助**。這些器材都是可以拆卸使用的，如果家長想在家中為小寶貝加強刺激，可以請專業的施工人員配置，但是一般都市中的小家庭，很難在家中騰出這樣的空間，所以家長可以多帶家中的小寶貝到公園、遊樂場中玩盪鞦韆，讓寶貝在成長的過程中，得到充足的前庭刺激。

4. 洗洗樂

這可是一個可以同時兼顧前庭覺、觸覺、本體覺等等刺激的好活動。請家長準備一件單人的被套，一大包彩色的塑膠球，還有一個大龍球，我們要和小寶貝一起來玩洗衣服的遊戲。

問問小寶貝：「要不要來洗衣服啊？」鼓勵孩子把自己想像成衣服，自己鑽進想像成洗衣機的被套裡，「來！加洗衣粉囉！」邊說邊把塑膠球倒進被套中。

我們可以告訴孩子「你今天要強洗還是弱洗啊？洗衣機開動囉！」讓孩子在被套內盡情的照他自己想要的速度滾動，家長在被套外幫忙抓住袋口，並且協助孩子做各種不同姿勢的翻滾轉動。幾分鐘之後，問問小寶貝「洗乾淨了嗎？」「現在要脫水囉！」，讓小寶貝在被套裡把身體伸展開來，家長拿著大龍球或徒手隔著被套幫小寶貝做全身的按摩。

如果您家中有門框或是單槓等堅固的支撐架，還可以告訴小寶貝「現在我們要把濕濕的衣服晾乾囉！」然後讓孩子拉在支架上，儘可能的掛久一些，讓他的身體能完全伸展，肌肉的耐力可以完全發揮。

▲準備一個大被套。

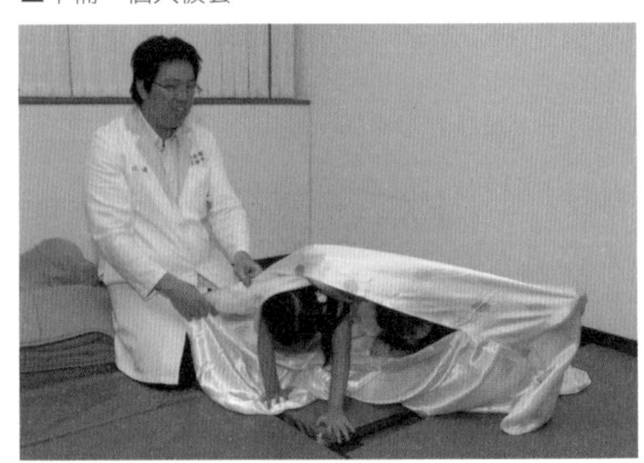
▲讓孩子在被套內隨著自己想要的速度翻滾轉動。

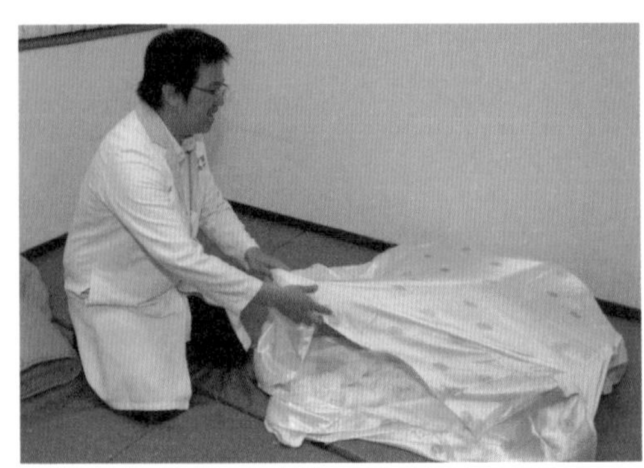
▲家長協助抓緊袋口，協助孩子用不同的姿勢翻滾轉動。

觸覺小遊戲

觸覺接受器分佈於全身皮膚下，適度的按摩、擁抱都能給予安撫的刺激，讓孩子多觸摸各種不同材質、溫度的物品，都是很好的觸覺刺激活動。

1. 觸覺刷

觸覺刷的種類繁多，並不一定限定特殊材質，洗臉刷、洗澡刷都可以用。主要是藉由刷毛的撫觸，刺激觸覺接受器，提供穩定而充足的刺激訊號，幫助神經的整合。家長可以利用刷子在孩子的雙手、雙腳及背部（手掌、腳掌、胸部不刷）來回刷動，每個部位約一分鐘即可。如果時間許可，最好每隔一個半小時重覆操作一次，一天最少連續刷兩次。刷身體可以在一天中任何時間操作，但建議盡量避免在睡前兩個小時內操作。在刷的時候家長一定要記得順便與孩子多做語言上的交流，除了聊聊今天發生過有趣的事之外，也可以告訴孩子一天中做對的事情有哪些，同時給予口頭上的鼓勵，如此一來，除了可以順便幫助孩子的語言發展之外，也可以給孩子自信心的建立，同時促進更好的互動關係喔！

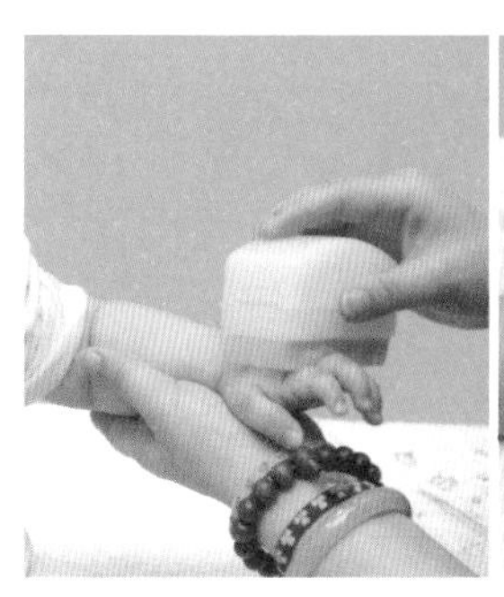

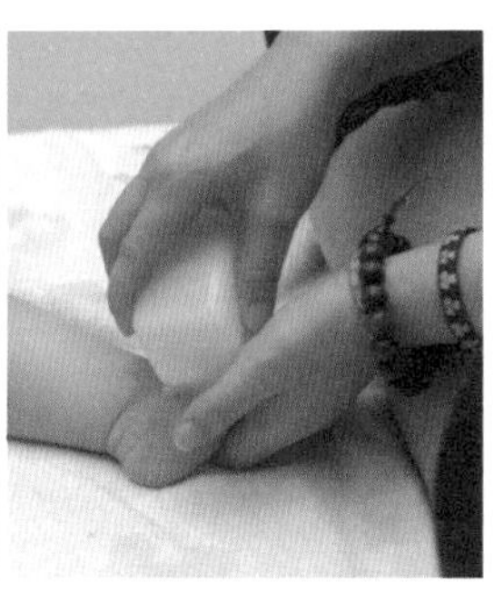

2. 口腔按摩

口腔可說是觸覺神經的發源地，口腔的肌肉則可算是我們最早學會控制的肌肉，

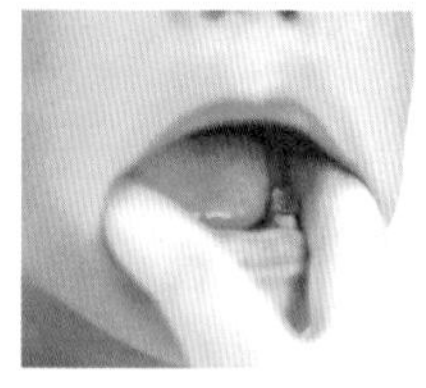

我們的腦部對於來自口腔的感覺刺激反應也最快速。口腔觸覺發展不成熟的小孩很容易有挑食或構音不良的問題，給予適當的按摩就會有很大的改善！

家長可以先洗淨雙手，請小寶貝張開嘴，讓家長用手指幫他在內外側牙齦上來回按摩，從上排牙齒的外側牙齦開始，沿著牙床根部來回按摩，接著按摩上排牙齒的內側牙齦，然後是下排牙齒的外側牙齦，再來是下排牙齒的內側牙齦。完成牙齦的按摩後，請家長用食指與中指分別按住寶貝兩側下排牙齒，向下按壓七八次就是完成一次完整的按摩了。

口腔按摩建議在每次刷身體後接著做，這樣的效果才會比較好喔！按摩動作可以提供口腔內部的感覺接受器充分的刺激訊息，讓我們的腦部有足量的訊息可以整合，對於需要運用到口腔的能力（例如：說話、吃東西），都有很大的幫助。

3. 精靈的手環

對於觸覺敏感的孩子，這是個有趣的小活動。家長可以在帶小寶貝出門散步前，在小寶貝的手腕、腰部鬆鬆的反貼一圈膠帶，讓黏黏的那一面朝外。在散步的過程中，把喜歡的小野花、樹葉、小草、羽毛……甚至是小小顆的石頭等等，只要是喜歡的都貼在膠帶上。散步回來，相信小寶貝和家長都會得到一個漂亮的精靈手環或腰帶喔！而小寶貝也會在有趣的情境中，不知不覺碰觸了許多平常逃避的材質喔！

4. 冒險之路

這個遊戲非常的簡單，除了可以提供孩子各種不同的觸覺刺激外，還可以讓孩子在移動的過程中，練習大肌肉的協調喔！請家長在日常生活中搜集各種不同材質的墊子。不論是瓦楞紙板、粗粗的門口踏墊、柔軟的毛皮、草編的蓆子……等，都是很棒的材料。首先把這些墊子平鋪在地面上，圍成一個大圈圈，讓孩子脫掉鞋襪在墊子上大步行走。然後慢慢的每隔一兩圈，就增加一點墊子之間的距離，當孩子無法「走」過去的時候，就鼓勵孩子「跳」過去。家長只要注意墊子是不是會滑動，需不需要加上止滑邊條，就可以讓寶貝盡情的在墊子上跑跳。下雨天不能去公園玩的時候，就可以在客廳裡展開冒險之路喔！

5. 夾三明治

除了跑跳之外，在空間不足的狀況下，我們也可以利用家中常備的棉被來刺激深層壓力感覺，這個活動對觸覺防禦強、過動、或是容易分心的小孩非常有幫助。一般在治療教室中時常使用兩塊大墊子把小孩夾住，做成一個大三明治，用來提供孩子深度的壓力刺激，家長在家中則可以用大的棉被來取代。通常孩子在做完這個「大三明治」的活動之後，情緒會變得比較安定，組織能力也變得比較好。

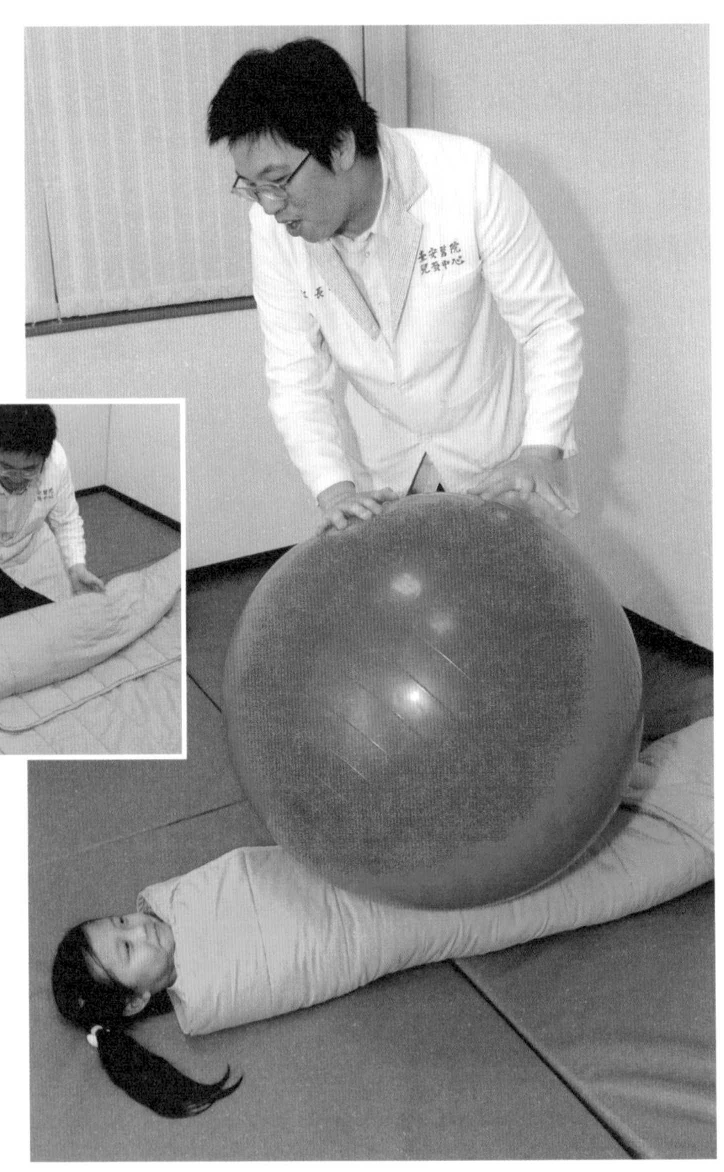

check 3 本體覺小遊戲

凡是肌肉關節的運動都可以提供大量的本體覺刺激訊息。

1. 我家超市

還記得前面我們提過的滑板車嗎？在玩「我家超市」的時候，這可是重要的工具喔！家長可以先準備一盒空白的名片紙，在每張紙片上寫上或畫上各種日常生活用品或蔬菜水果。將紙片上有的物品，藏在客廳的各個不同角落裡（例如：面紙盒在椅子下、番茄醬藏在沙發旁邊、蘋果藏在電視櫃旁邊）。讓小朋友趴在滑板車上，拿著手上的「優惠券」到我家超市去尋找紙片上所示的各種物品。當然，小朋友要靠自己的力量往前划囉！如果小寶貝還太小，家長也可以協助他，按照他說的方向協助他前進。

▲可讓小孩趴在滑板上到處滑來滑去，尋找家長指定的東西。

2. 震震樂

家長可以利用洗衣服的時候，把孩子抱上來坐在洗衣機上。當洗衣機在轉動的時候，孩子可以趁機接受到穩定的震動刺激，此時位於肌肉關節等地方的神經接受器就會源源不絕的把訊息送回腦部，加強本體覺的經驗與刺激。

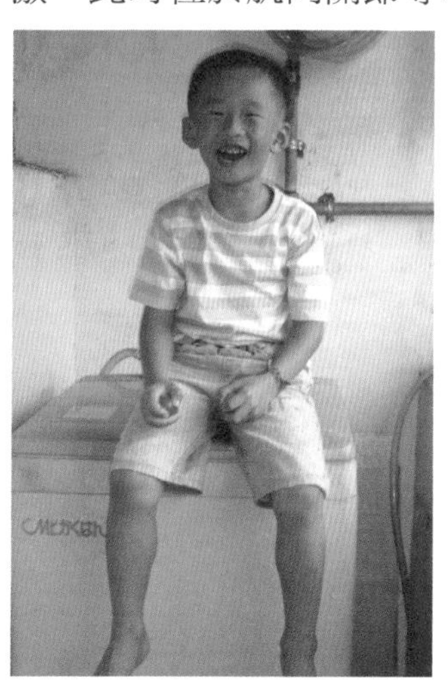

3. 跳跳床

跳跳床上的跳躍與翻滾動作，除了對小朋友的肌肉張力與動作協調能力有助益之外，對於前庭功能也有極大的幫助。如果孩子一開始跳不起來，家長可以幫一些小忙，在比孩子伸手可及處高一點點的地方，懸掛鈴鼓或是小糖果，鼓勵寶貝跳起來拍打鈴鼓或是抓糖果。跳躍的動作應該要由原來在跳跳床上被彈動，慢慢進步到可以自己抬腿跳起來。

4. 關節運動

在一般治療的活動中，治療師也會利用交替擠壓及拉開關節處骨頭的動作，來刺激關節處的感覺接受器。這個動作在家也可以做喔！首先家長用手抓住關節的上下端，慢慢、穩穩的把關節拉開，持續一、兩秒後，再慢慢的把兩手靠近，擠壓關節。操作這個動作的時候需注意速度要緩慢，拉開及擠壓的力道不要太強，千萬不要把關節拉傷了！

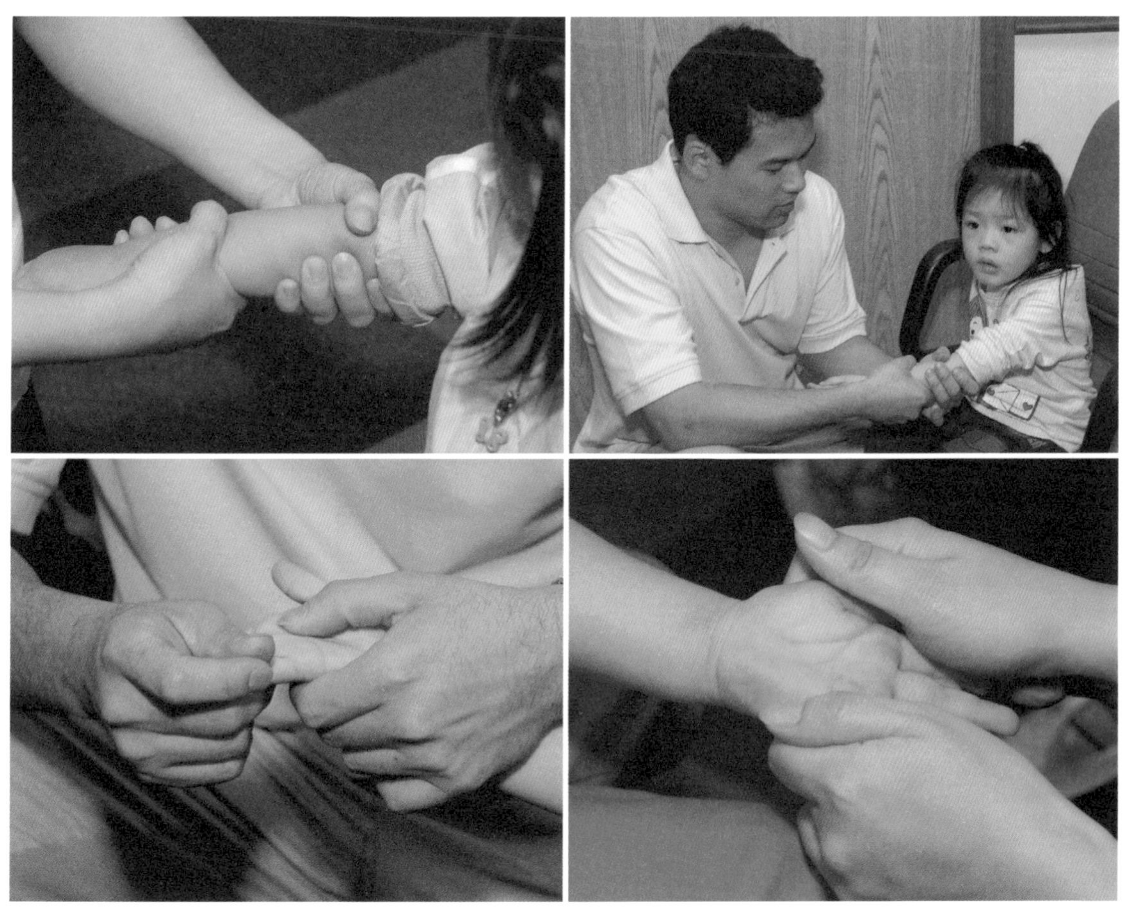

check 4 視覺小遊戲

「同中求異」與「異中求同」能提供有趣的視覺辨識訓練的重點。在遊戲的過程中，孩子很容易就會集中注意力在找尋線索這件事上。當他很努力的解開一道道題目中的所有答案時，家長可別吝惜掌聲喔！另外手眼協調相關的遊戲除了提供視覺訓練之外，還能訓練到視覺輸入，整合後腦部下指令讓手部操作的過程，也是很重要的能力喔！

1. 誰來找碴

比對兩張圖差異之處的小遊戲，有時連大人也為之瘋狂！這類小遊戲可以讓孩子的視覺搜尋能力提升，加強專注力以及環境中訊息比對的能力。

2. 尋寶

隨便選取一張照片、圖畫或是選擇一個擺滿日用品與家具的房子，讓孩子在圖片或房間中搜尋出媽媽要找的幾個物品來。（書店中有許多設計很好的尋寶遊戲書籍，小朋友需要在複雜的背景圖畫中找到襪子、蘋果等小東西，這也很有挑戰性，家長不妨多多利用。）

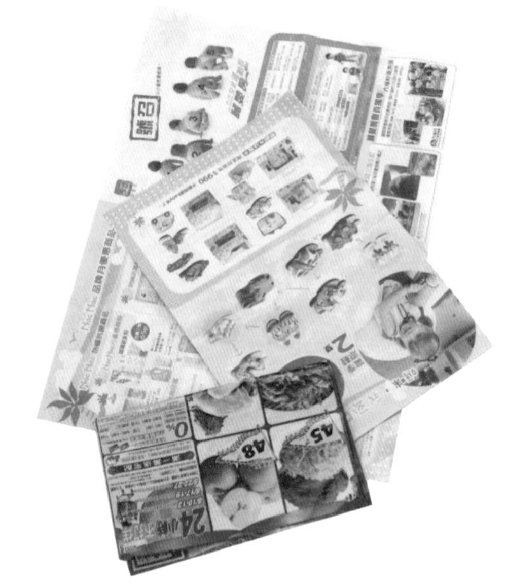

▲平常家中信箱中收到的廣告紙，就是很好的「尋寶圖」。

3. 彩球向前衝

準備一大包塑膠球，還有一個大紙袋或小水桶。小寶貝坐在地板上，將紙袋打開橫放在小朋友前方幾步遠，袋口朝向小朋友。讓寶貝將手中的塑膠球「往前滾進紙袋中」。家長可以跟小朋友比賽，看誰才是家裡的滾球大王！這個活動可以訓練手眼協調能力。隨著年紀的增長，家長可把遊戲難度提高，例如：把紙袋拿遠一點，開口做小一點等等。

4. 終極密碼

先利用時間帶小朋友練習看到紙卡就能做出代表的動作，如：

※=拍手　◎=聳肩　$=跺腳　%= 拉耳垂………

這主要訓練小朋友能夠執行將視覺輸入訊號轉換成動作的能力，當單一動作熟悉後，可以根據小朋友的年紀加強困難度，如：中班的小朋友可以要求他們做出連續三個動作指令「※　※　%」=「拍手兩下，拉一下耳垂」，當然，大一點的小朋難度就要增加囉！

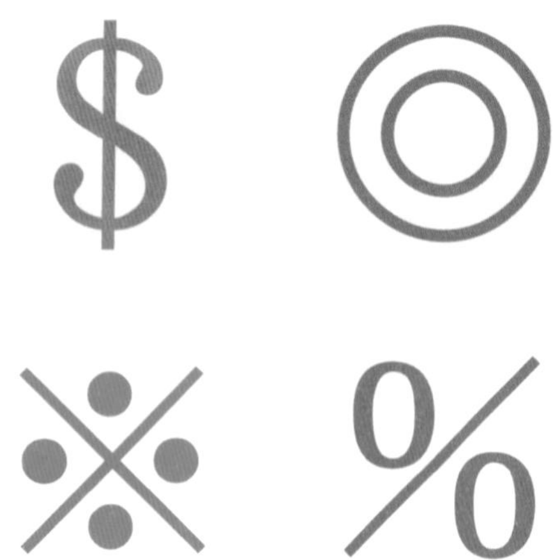

▲不同的紙卡符號分別代表不同的動作。

▲讓孩子追著光點移動，並設法去拍它，可訓練全身肌肉的協調。

5. 小貓追燈

家長可以將手電筒的光照在牆上慢慢的移動，讓小朋友伸手去拍光照到的地方，就像小貓好奇的追著光點移動一樣。這個活動除了能讓小朋友提高視覺的注意力，還能協調全身的肌肉，以便移動身體到光照到的地方，所以是很棒的全身性活動。

這樣的小遊戲適合幼稚園的小寶貝，但複雜度增加、速度增快後，對大一點的小學生也是一個大考驗呢！

check 5 聽覺小遊戲

1. 聲音大尋寶

準備二十個不透光相同的密閉盒子，還有十種不同的豆子、沙子、米粒、貝殼……等等小東西。每兩個盒子裡裝同樣的一種小東西，然後密封起來，不要讓孩子看到內容物。讓小朋友一個一個搖動盒子，聽聽裡面的聲音，再請孩子找出哪兩個盒子裡面裝的是一樣的內容物。

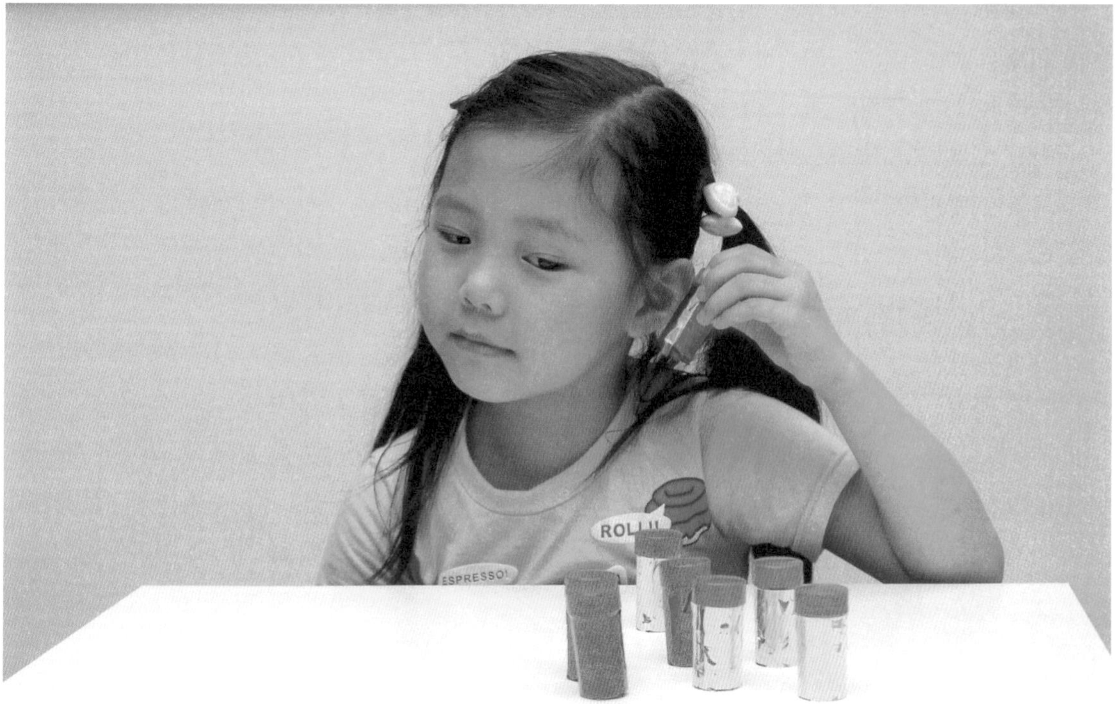

2. 小博士問答

除了針對聽覺系統做刺激與整合，這個活動還能夠加強孩子口語以及溝通能力。只是它們所需要花費的時間，可能不是一天兩天就可以做得完，家長得要有耐性，陪著孩子循序漸進的一點一點累積小腦袋裡的資料庫。

首先家長可以準備一些有小朋友常見動物聲音的CD或VCD，播放時除了訓練小朋友認真的聽那個動物的聲音，當然也可以同時模仿著做出那個動物所做的各種動作，以增加趣味性。等到孩子可以「聽」得清楚並有能力模仿各式各樣動物的聲音後，就可以進行小博士問答的遊戲了！

(1) 分類

問小朋友，有哪些是我們平常就可以看到的寵物呢？如：小狗、貓咪、金魚……等。再問：有哪些是在動物園才可以看到的動物呢？如：大象、獅子、老虎……等。

(2) 認識動物的家

家長可以準備這些動物的生存環境的圖片，讓寶貝們去做聯結，認識動物的家的特徵。例如：金魚住在「魚缸」、小鳥住在「樹上」、北極熊住在冰天雪地的「北極」……等。如果沒有圖片，直接用口述也可以。

(3) 動物的移動方式

讓寶貝們模仿出這些動物走動、伸懶腰、跑步、游泳……各種動作。

(4) 動物活動的特色

考考小寶貝不同動物的特色，例如：貓頭鷹都在晚上出現、熊熊在冬天要冬眠……等。

諸如此類一問一答，有時還可以加入動作表演的活動，對小朋友的聽覺語言發展是很有幫助的。家長很好奇幼稚園的老師怎麼都這麼有辦法，可以讓小寶貝學這麼多東西嗎？其實老師們也只是利用這樣的方式，循序漸進的讓孩子從一次又一次的練習與表現中增加語言量，孩子很快就能說得又清楚、又正確了！

嗅味覺系統小遊戲

1. 好鼻師尋寶

家長可以蒐集住家附近的新鮮樹葉或花草，和小朋友一起動手，把一些樹葉及花草揉碎一些，分別塗抹在白色小紙卡上，讓小寶貝聞聞紙卡，憑藉氣味找出哪一個是紙卡上味道的樹葉或花朵。當然也可以把遊戲變得更難一些，矇上小寶貝的眼睛，每一種樹葉與花草都分成兩份，讓寶貝閉上眼睛，憑著氣味與觸感找出兩個一樣的，答對了就可以得到一個閃亮亮的貼紙。這樣的刺激活動，**對孩子的嗅覺與觸覺辨識能力都有很大的幫助。**

▲把花草、葉子揉碎。

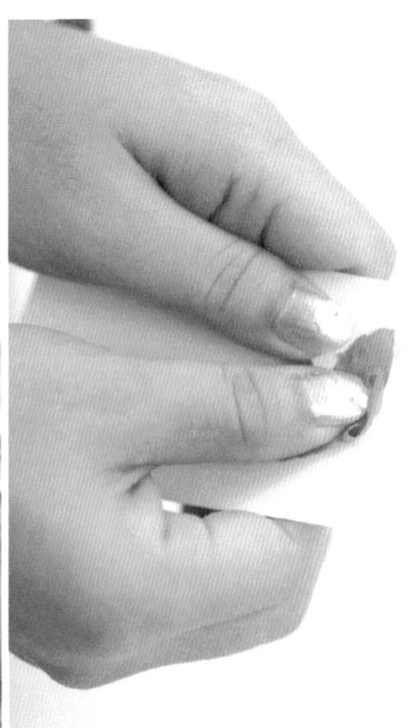

▲塗在紙片上。

▲讓孩子聞聞看、猜一猜。

2. 吃吃看

家長可以準備各式各樣的新鮮食物，例如水果、蛋糕、果醬、蜂蜜、果凍、奶油、調味料、小黃瓜……等等，讓小朋友嚐嚐看，然後試著引導小朋友用各種方式來描述吃到的食物（例如：這是什麼？硬的還是軟的？酸的還是甜的？有沒有脆脆的？熱的還是冷的？）

在家玩這個小遊戲時，大部份的孩子都很喜歡，只有少部份對某些食物特別敏感的孩子會拒絕，家長可得多花點耐性與時間，試著把食物弄小一點、或做成有趣的形狀（例如切成心形或星星），來吸引孩子願意嘗試，甚至可以藉由做點小遊戲，如：矇上眼睛猜猜看，或邀請朋友家的小孩一起加入活動等，來增加活動的趣味性，讓小寶貝更樂於嘗試。**味覺刺激的過程中，因為接受了各種不同硬度與質感的食物，在咀嚼的同時，也刺激了口腔內部的觸覺接受器，因此也提供了很棒的觸覺刺激。**

3. 酸味刺激

口腔是我們觸覺的起源之地，從它開始，觸覺系統開始一圈一圈的往外擴展。所以當我們在精神不佳、身體的反應能力下降時，口腔的刺激也是最能幫忙提昇其他感官系統的。家長除了平常準備前項敘述中的各種質感的食物，來刺激孩子的口腔內部觸覺接受器外，在孩子反應能力不佳時，還可以用像酸梅、檸檬汁等等強烈的味道來進行刺激。當然我們不是要讓孩子大量攝食這些食物，而是只在**孩子昏昏欲睡的下午，注意力不集中的時候，讓孩子嚐一些**。尤其是酸梅，只要果核不要太尖銳，讓孩子在吸吮的過程中除了得到味覺的輸入及警醒度提升外，對於口腔肌肉的發展也有很大的幫助喔！

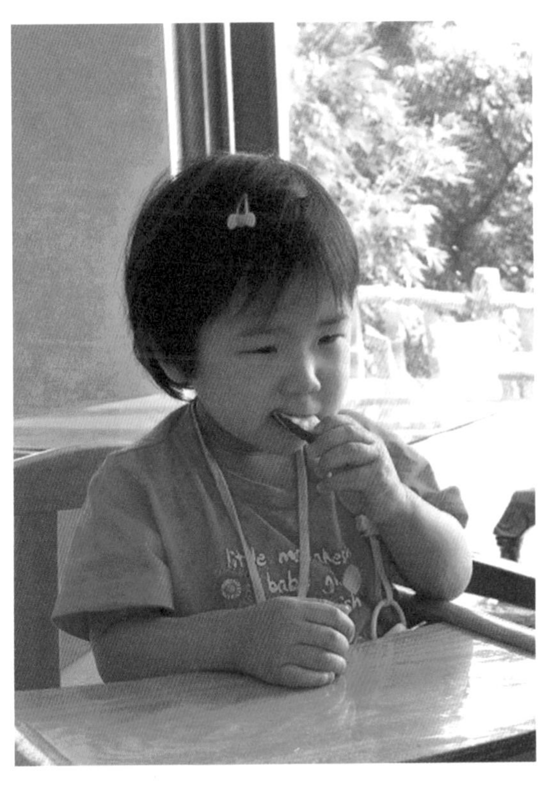

check 7 綜合性遊戲

正如同我們在前面幾個章節中所提過的，對絕大多數的人來說，感覺統合並不是一個經過特殊訓練才學會的能力。每個人都能在日常生活中，不斷藉由各種感覺接受器來接收環境中的各種訊息，在我們的腦部進行一連串的整合，然後指揮我們的肢體做出各種因應行為。在每一次「刺激→整合→反應」的過程中累積經驗，並且訓練我們的肢體操作技巧，使我們能越來越熟練地運用我們的四肢，做出更靈活的動作反應，思考的靈敏度也越來越高。

家長們可以試著讓孩子從日常生活的遊戲與操作中發展出應有的感覺統合能力，這就是最好的訓練。而這些遊戲並不見得一定得要使用昂貴的專業訓練器材，家中隨手可得的一些生活用品都可以是最好的訓練工具，只需要一點巧思，家長們就能夠在家陪孩子一起練習。

1.吸管撈豆

所需的工具有各種大小的種子（例如紅豆、綠豆）或是巧克力米，以及粗細適宜的吸管。遊戲進行的方式是先將吸管剪成約十公分長，由家長示範以指尖拿著吸管，將碗裡的豆子撈進吸管中，然後倒到另外一個碗裡。家長們只需要「示範」，而不需要牽著孩子的手來指導，因為**讓孩子從「觀察」到「模仿」也是感覺統合能力發展很重要的歷程。**

這個遊戲中有個小小的難度變化，當孩子成功的把豆子撈進吸管中，多半會忍不住轉動手腕，避免豆子滾回碗裡，但這樣往往會讓豆子從另一端開口掉出來。此時家長可以示範如何以小拇指頂住吸管的另一邊開口，來避免豆子滾出去，但同樣，只需以「動作示範」，而不要給孩子其他口頭上的提醒，看看小寶貝是不是能夠觀察到這個「小撇步」，進而模仿操作。

下雨天不能帶孩子出去玩的時候，不妨和孩子比賽誰能將一盤各式各樣的豆子，以最快的速度分類到不同的碗裡。聰明靈活的小寶貝可不一定會輸給家長喔！

▲讓孩子將碗盤裡的豆子撈進吸管中。

▲在這個遊戲中，小朋友必須要懂得控制手腕的平衡，才不會讓豆子從吸管另一端掉出來。

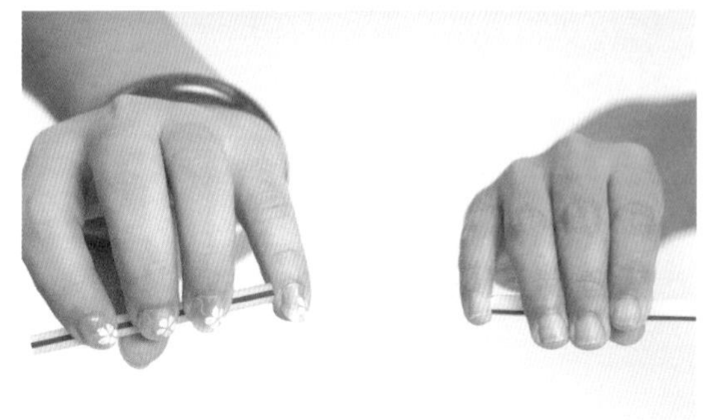
▲之後可以示範用小指頭頂住吸管另一端的動作給小孩看，但不要給予口頭上的提醒，讓孩子學會主動觀察。

2. 夾子樹

家中常備的洗衣夾也是拿來訓練孩子手指力氣的好工具。家長們可以準備一包洗衣夾，和孩子比賽以食指與拇指捏夾子，把夾子一個接一個往上夾，看誰可以把手上所有的夾子都夾上夾子樹，而不會讓樹倒下來；或是看誰做出來的夾子樹最高、最直、或是有最多的夾子。對於手指力氣不夠的孩子，是很好的訓練遊戲喔！

3. 扭毛巾

本體覺不良的小寶貝通常都有個明顯的特徵，不知道該怎麼控制自己的力氣。在孩子梳洗時，讓他自己把濕毛巾扭乾就是個不錯的訓練活動，它可以讓孩子從「用力」的過程中，慢慢學會怎麼牢牢的抓握住毛巾，靈活而正確的轉動手臂，才能把毛巾擰乾。家長們也可以拿毛巾來和小寶貝玩拔河等需要花費力氣的遊戲，這對孩子的肌肉張力有很大的幫助。

▲體能環可以訓練孩子控制自己的力氣，在家中沒有體能環，則可以利用扭毛巾來做訓練。

▲家長抓住毛巾一端，讓孩子抓另一端然後將毛巾扭緊。

▲對於大一點的孩子，可以讓他自己用雙手將濕毛巾扭乾。

4. 月曆筆筒

訓練孩子的精細動作，不見得要花錢去買各式各樣的精美教具。家裡不用的月曆紙、舊報紙等等，也可以是最棒的素材。將月曆紙或舊報紙裁剪成10cm x 10cm大小的方形，由家長們示範將小紙片搓成一根一根的小紙棍，並用膠水貼牢，然後用這些小紙棍來堆疊出喜歡的作品。孩子做出來的成品不見得要是最精美的，但這些操作過程，**可以幫助孩子訓練指掌操作能力，還能夠激發孩子的創意，更能藉機讓孩子體驗資源回收與廢物利用的樂趣。**

5. 創意剪貼簿

孩子的年紀越小，認知能力的訓練就要越生活化。家長們可以蒐集各種廣告紙或是舊雜誌，讓小寶貝從廣告紙中將「紅色」的東西、「動物」、「有輪子的」、「可以吃的東西」、「房子」等等各種主題的圖案剪下來或是撕下來……分門別類的貼到大張的圖畫紙上。每週針對特定的主題，讓小朋友從這些剪剪貼貼的活動中認識各種物品的名稱與種類，甚至可以和小朋友一起用這些剪下來的小圖案貼成一幅有主題的畫作，或是玩看圖說故事的遊戲，除**了增強孩子的認知能力，更能夠藉機訓練孩子的精細操作能力**，可以說是一舉數得的家庭活動喔！

▲請孩子把家長指定的東西，例如「鞋子」、「紅色的」、「可以吃的」……從廣告紙上剪下來。

6. 小牛推車

由家長們扶著小朋友的大腿，讓小朋友以雙手著地支撐起身體慢慢向前移動。這樣的遊戲可以有效的訓練小寶貝手臂的力氣。但是小寶貝的手臂和腰部可能還不夠強壯，所以家長們要小心，盡量不要只是抓著小朋友的腳踝，而是要扶住小寶貝的大腿，以免小寶貝受傷喔！

◀ **錯誤的施力方式：**只抓著小孩的腳踝，這樣孩子不但不容易施力，還容易受傷。

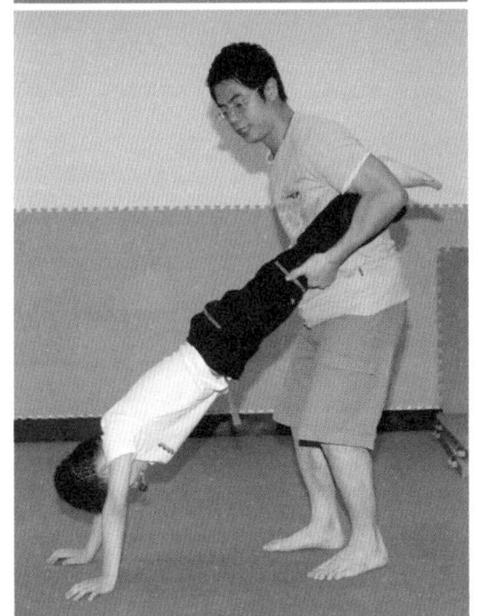

◀ **正確的施力方式：**扶住小孩的大腿，讓孩子以自己雙腿的力量夾住家長。

在家中進行遊戲活動，所需要的材料大多是日常生活中隨手可得的物品，盡可能的讓孩子發揮創意，家長只需要從旁協助留意使用刀剪等工具時的安全即可。示範時也不見得要拉著孩子的手，教他把每一個動作做到精準，而是要讓孩子從觀察、模仿的過程中，嘗試用自己的方式來完成每一個動作，才能讓孩子累積出「自己的經驗」。孩子的每一個小小的進步與創意，都需要家長的肯定與鼓勵，千萬不要因為求好心切而急著要小寶貝每一次都表現得超級完美，或是因為孩子的動作慢而不停的催促。相信在家長們的耐心與鼓勵中，小寶貝們都能學會不怕挫折的勇氣，更積極的去面對挑戰。

孩子的神經細胞活力十足，多接觸不同的挑戰，未來在他需要以類似經驗來判斷或做計劃時，他的資源整合能力才能夠應付的過來，甚至主動開創出更多更棒的解決方案。希望所有的小朋友，都能在家長細心培育下，成為樂觀、自主、健康的國家棟樑。

致謝

一個孩子要健康的成長，必須能順利的接收環境中的各種刺激訊號，將這些複雜的感官知覺統整，然後做出最合適的反應。一本書要完成，也需要許多人的合作努力。

首先感謝每一位參與動作示範的小朋友的精彩演出，也感謝每一位頂著大太陽帶著孩子來拍攝照片的爺爺、奶奶，還有辛苦工作一整天之後，還帶小寶貝來參與拍攝的爸爸、媽媽，還有雖然來不及從外縣市趕來參加攝影，依然竭盡所能按照我們所指定的主題拍攝示範照片的家長與小寶貝。

感謝台北縣私立炫媽咪嬰兒／幼兒學校、臺安醫院小兒復健科、元氣小熊、中華兒童發展教育公益協進會、禾森牙醫診所以及花蓮美侖飯店協助拍攝，因爲有大家的鼎力相助，這本最簡單、最實用的《感覺統合遊戲在家輕鬆玩》才能夠如期出版。

希望這本集合了這麼多人的努力才完成的書，能夠幫助每個爸爸媽媽與小寶貝「輕鬆感覺、聰明統合」，讓每個小寶貝都能在成長的道路上有最棒的起步，邁向更美麗的明天。

學習力 06X

感覺統合遊戲，在家輕鬆玩〔暢銷修訂版〕

作　　者／黃謙瑄、張文瀚、許翠端、廖笙光
選　　書／林小鈴
主　　編／陳雯琪

企　　劃／林明慧
行銷經理／王維君
業務副理／羅越華
總 編 輯／林小鈴
發 行 人／何飛鵬
出　　版／新手父母出版
城邦文化事業股份有限公司
台北市中山區民生東路二段 141 號 8 樓
電話：(02) 2500-7008　傳真：(02) 2502-7676
E-mail：bwp.service@cite.com.tw
發　　行／英屬蓋曼群島商家庭傳媒股份有限公司城邦分公司
台北市中山區民生東路二段 141 號 11 樓
讀者服務專線：02-2500-7718；02-2500-7719
24 小時傳真服務：02-2500-1900；02-2500-1991
讀者服務信箱 E-mail：service@readingclub.com.tw
劃撥帳號：19863813
戶名：書虫股份有限公司

香港發行所／城邦（香港）出版集團有限公司
香港灣仔駱克道 193 號東超商業中心 1F
電話：(852) 2508-6231　傳真：(852) 2578-9337
E-mail：hkcite@biznetvigator.com
馬新發行所／城邦（馬新）出版集團 Cite(M) Sdn. Bhd. (458372 U)
11, Jalan 30D/146, Desa Tasik,
Sungai Besi, 57000 Kuala Lumpur, Malaysia.
電話：(603) 90563833　傳真：(603) 90562833

攝　　影／謝伯祥．水草攝影工作室
封面設計／徐思文
版型設計、內頁排版／許瑞玲
製版印刷／卡樂彩色製版印刷有限公司

2016 年 05 月 20 日 1 版 7 刷
2018 年 11 月 13 日 修訂 1 版
2021 年 10 月 22 日 增訂 1 版 3 刷
定價 450 元
EAN 4717702904982
ISBN 9789861202341

Printed in Taiwan

國家圖書館出版品預行編目資料

感覺統合遊戲，在家輕鬆玩
/ 黃謙瑄等合著. -- 修訂1版. -- 臺北市：
新手父母，城邦文化出版，2010.8

面；　公分. --（學習力系列; SG0006）

ISBN 978-986-12-0234-1（平裝）
1. 學習障礙 2. 感覺統合訓練

529.69　　　　99013849